법의학자의 서재

법의학자의 서재

삶의
끝에서
삶을
생각한다

법의학자의 서재

1쇄 발행 2024년 7월 1일

지은이 나주영
펴낸이 조일동
펴낸곳 드레북스

출판등록 제2023-000148호
주소 경기도 파주시 탄현면 헤이리마을길 93-144, 2층 1호
전화 031-944-0554
팩스 031-944-0552
이메일 drebooks@naver.com

ISBN 979-11-93946-13-8 03300

법의학자는 삶의 끝에서 삶을 생각한다

프롤로그

책을 읽을 때면 그 책의 저자들은 프롤로그를 먼저 쓰고 본문을 나중에 쓰는지, 혹은 본문을 먼저 쓰고 나서 프롤로그로 정리하는지 궁금했다. 논문을 쓸 때도 그렇다. 어떤 연구자는 서론에서부터 재료 및 방법, 결과, 토론의 논문 순서에 따라 차례대로 작성하고 그 뒤에 서론에서 토론까지 논문 내용을 한 개의 문단으로 압축한 초록을 작성한다. 반면에 어떤 연구자는 먼저 초록을 작성하고 초록에 살을 붙여가며 본문을 작성하기도 한다. 또 다른 연구자들은 본문의 표와 그림을 먼저 작성하고, 이것들에 대해 기술을 하는 방식으로 논문을 작성하기도 한다.

나는 논문을 쓸 때 되도록 순서대로 본문을 먼저 작성하고 나중에 본문을 요약해서 초록을 작성하는 편이다. 그래서인지 자연스럽게 이 책에서도 본문을 어느 정도 작성한 후에 프롤로그를 쓰고 있다. 그런데 어떤 말을 써야 할지 막막한 느낌이다. 본문을 작성할 때는 하고 싶은 말들이 많아서 머릿속으로는 이야기가 멀리 날아가는데, 키보드 위에 얹어 놓은 손은 생각의 속도를 따라가지 못해 머리와 손이 따로 놀아 답답했다. 하지만 지금은 반대로 머릿속은 비어 있고, 키보드 위에 놓인 손은 마비된 것처럼 키보드 위에서 하릴없이 놀고 있어서 답답하다.

그러던 중 갑자기 작년에 했던 인터뷰가 떠올랐다. 인터뷰 중에 이런 질문을 받았다.

"법의학자로서 사는 것은 어떤 삶인가요?"

법의학자라고 나를 소개하면서 10년이 넘도록 이 일을 하고 있지만, 아직까지 법의학자로서 사는 삶이 어떤 삶인지 진중하게 생각해본 적이 없었다는 것을 나는 그때 깨달았다. 왜 여태 그런 생각을 하지 않았지? 뒤통수를 맞은 듯한 느낌이었다. 몇 초간 침묵이 이어졌지만, 나는 곧 그 물음에 대답을 할 수 있었다.

"법의학자로 사는 삶이란 날마다 죽음을 생각하는 삶이에요."

대답하고 나서 곰곰이 생각해보니, 정말 그 말이 맞다는 생각이 들었다.

나는 날마다 죽음을 생각한다. 어떻게 보면 당장 보호 병동에 입원이라도 시켜야 할 것 같은 대답이었지만, 그 말은 맞는 말이었고, 마주서서 나를 찍고 있던 카메라 감독도 내 말에 동의하는 듯 고개를 끄떡였다.

나는 날마다 죽음을 생각한다. 사람은 왜 죽는지 생각한다. 사람이 어떻게 죽는지 생각한다. 사람이 죽은 후에 어떻게 되는지 생각한다. 죽음 뒤에 남겨진 이들을 생각하고, 죽은 자가 무슨 이야기를 하는지 들어 살아 있는 이들에게 내 말과 글로 죽은 자가 해주는 말을 들려준다. 그리고 죽음이 있기에 더 소중한 삶을 생각한다. 우리가 사는 동안 삶과 죽음만큼 생각하고 알아야 할 것이 있을까.

그래서 소설 《페스트》로 유명한 작가 알베르 카뮈는 그의 책 《시지프 신화》에서 가장 진지한 철학적 문제는 오직 하나뿐, 자살하지 않아야 하는 이유를 찾는 것이라고 하지 않았을까. 그는 인생이 살 가치가 있느냐 없느냐를 판단하는 것이야말로 철학의 근본 문제에 답하는 것이라고 했다.

나는 의대생들과 법학전문대학원 학생들에게 법의학을 가르치고 있다. 내 전공이 '법의학'이니 법학을 전공하는 학생과 의학을 전공하는 학생들에게 법의학을 강의하는 것은 당위적이라고 생각한다. 하지만 모든 사람이 죽는 것처럼 삶과 죽음, 그리고 법의학 이야기는 의학과 법학을 전공하는 학생들뿐만 아니라 다른 분야를 전공하는 학생들에게도 해주면 좋겠다고 생각했다. 그런 생각으로 현재는 〈법의학자와 읽는 호메로스 이야기〉라는 교양 수업을 개설해 강의하고 있다.

이 수업에는 학생들이 조별로 선정한 책을 읽고 삶과 죽음에 대한 글을 작성하는 과제가 있다. 이 책은 학생들이 제출한 글을 읽고 그에 답하는 마음으로 쓰기 시작했다. 학생들의 글을 곱씹어 읽으면서 그들에게 펜팔처럼 다시 돌려주고 싶은 이야기를 글로 써서 모아보니 책이 되었다.

법의학과 상관없는 다른 여러 책에서 다루는 삶과 죽음은 법의학 전문 서적에서 이야기하는 죽음과 달랐고, 이 책에서는 그 이야기를 법의학자의 시선으로 다시 살펴보았다. 따라서 이 책은 법의학적 지식을 소개하는 글이 아니다. 그것은 오히려 법의학자만이 볼 수 있는 죽음의 다른 측면을 다루고 있다는 점에서 죽음을 이야기하는 다른 책들과 구별되는 의미와 의의가 있으리라 기대한다. 그리고 학생들이 작성한 글을 수업 시간에 깊이 피드백해주기 어려웠는데, 이 책으로 도움을 줄 수 있을 것 같아 다행이라는 생각이 든다.

이 책은 학생들이 조별로 고른 10권의 책들에 대한 간단한 언급과 이들 책에서 다룬 삶과 죽음, 이를 바라보는 학생들의 생각을 들여다보고, 각각의 책과 곁들이면 좋은 법의학 이야기를 추가했다. 우리는 모두 죽음으로 마무리되는 제한된 삶을 살고 있기에 삶과 죽음, 그리고 이를 바라보는 법의학을 다룬 이 책을 읽는 시간이 독자들에게도 유익한 시간이 되기를 기대한다.

부족하지만 내가 법의학을 공부하며 했던 경험과 생각을 덧붙여 엮는다. 세상에는 평생 읽어도 다 읽을 수 없을 만큼 책들이 켜켜이 쌓여 있는데, 그런 책 중에 한 권을 더하는 것 같아 부끄러운 마음이 드는 것도 사실이다. 하지만 독자에게 유익하기를 바라는 마음으로 이 책을 시작한다.

차례

죽음을 읽는 시선

너의 췌장을 먹고 싶어

나는 지금도 죽음이
불편하다

죽음은 대개 불편하다. 죽음은 어디서든 갑자기 찾아올 수 있고, 죽음으로 인해 여러 문제가 발생하며, 무엇보다 죽음에 대한 무지함이 죽음을 더욱 불편하게 만든다. 우리는 죽음에 대해 잘 알지 못한다. 죽는 순간에 어떻게 되는지, 죽음 이후에는 어떤 세상일지도 모른다. 10년 넘게 법의학을 공부한 내게도 죽음은 여전히 그렇다.

"힘든 일을 하시네요."

법의학 교수라고 나를 소개하면, 처음 만난 사람들의 첫 반응은 대개 이렇다.

"그런데 왜 법의학을 했어요?"

나와 편하게 지내는 이들은 다음으로 이렇게 묻는다. 이런 질문을 받으면, 어렵게 공부해서 의대에 합격했고 의사면허를 취득해 의사가 되었으면 시체가 아니라 환자를 보면서 살 수 있을 텐데 왜 시신을 보는 법의학을 선택했느냐고 묻는 것 같았다. 솔직히 말하면 어떻게 하다가 법의학을 전공했는지 나도 잘 모르겠다. 한편으로는 '누군들 이유와 목적을 따져 행동하는가' 싶기도 하다. 오늘 하루만 돌이켜봐도 목적보다는 감정 때문에 선택하는 경우가 더 많았다. 아침에 일어나서 목이 말라 물을 마셨고 배가 고파 밥을 먹었다. 출근길에 옆자리에 앉은 사람이 자꾸 내 자리로 밀고 와서 기분이 나빴고 나는 내 자리를 버텨서 지켰다. 출근한 후에도 습관처럼 많은 일을 처리했다. 오늘 하루 동안 신중히 합리적으로 고민해서 한 일이 얼마나 될까?

15~16세기 인문주의자 에라스뮈스는 그의 책 《우신 예찬》에서 스툴티티아라는 우신(愚神)의 입을 빌려 인간들의 삶을 슬프고 심각하게 만들지 않기 위해 유피테르(제우스)가 인간들에게 합리성을 따르는 지혜보다 정념을 따르는 어리석음을 더 많이 주었다고 했다. 정념과 합리성의 비율은 24 대 1쯤으로 주었다고 했는데, 내가 보기에 24 대 1의 합리성도 너무 많

이 계수한 것 같다. 더구나 내가 법의학을 전공하기로 선택한 것은 20년 이상 지난 일이다. 그때 내가 하필 왜 법의학을 선택했는지 기억이 가물가물하다. 다만 다른 분야를 전공하고 싶은 생각은 없었다. 어쩌면 다른 것을 하기 싫어서 이것을 선택했다는 것이 현명한 대답일지도 모르겠다.

감정은 기억보다 더 오래 남는다. 사람은 감정적인 존재다. 그래서 이성적으로 생각하고 판단하려면 노력과 훈련이 필요하다. 판사나 의사처럼 늘 이성적으로 판단해야 하는 직업을 가진 사람은 습관적으로 그런 판단의 메커니즘을 유지하기 위해 오랜 시간 노력하고 반복적인 훈련 과정을 거친다. 그럼에도 해바라기가 태양을 바라보며 자라는 것이 자연스럽듯 사람은 감정적인 존재가 되도록 계획되어 있다.

하지만 "달리 전공하고 싶은 과가 없어서 법의학을 전공했어요."라고 말하기는 조금 없어 보였다. 그래서 내가 법의학을 전공한 이유를 차분히 돌아보았다. 자연스럽게 이 전공을 선택했다고 생각했지만, 이 전공을 자연스럽게 선택하기까지 이유가 있었을 테니 그 이유를 찾아보았다.

요즘 세상에서 죽음을 경험하는 것은 드문 일이다. 이것이 문제가 되기도 하는데, 죽음을 경험하지 못하다 보니 죽음을 나와 상관없는 멀리 있는 일이라고 착각하기 쉽다. 죽음을 경험한다는 것이 무슨 말인가 싶을 수 있는데, 과거에는 한 사람이 죽으면 마을 사람들 모두가 일손을 놓고 장례 일에 참여했다. 한 가족만의 힘으로 상여와 관을 만들고, 손님을 대접하고, 입관에서 매장까지 온전히 감당하기는 힘든 일이었을 것이다. 하지만 지금은 그렇지 않다. 장례지도사가 있고, 상조회사도 있다 보니 죽음을 가까이에서 보고 경험할 일이 드물다. 문상을 위해 잠깐 얼굴을 비추고 인사하는 정도랄까.

나 역시 그랬다. 고등학교 때 할아버지가 돌아가셨는데, 그때 시골집 방에 누워 계신 할아버지의 창백한 얼굴을 잠깐 본 것 외에는 죽음을 경험할 일이 없었다. 지금은 날마다 죽음을 생각하고 있지만, 내게도 죽음은 멀리 있는 막연한 실체였다. 그런 생각과 경험은 의학을 전공할 때도 변함없었다. 본과 1학년 때 시체 해부 실습을 했지만, 부패하지 않도록 화학 처리된 시신은 죽음을 가르쳐주기에는 물건성이 너무 짙었다. 더구나 그때는 수많은 뼈와 근육, 신경과 혈관을 외우기에 바빠 다른 생각을 할 여유조차 없었다.

그러던 중에 본과 3학년 때 선택 실습을 하게 되었다. 내가 원하는 의료기관에 가서 실습할 기회가 생긴 것이다. 지금 요양병원 원장과 영상의학과 교수가 된 친구 두 명과 함께 외국인 노동자들에게 무료 진료를 해주는 병원에 가서 2주 동안 실습을 했다.

실습이라고 하지만 의사면허가 없는 우리는 의사와 간호사 선생님들이 하는 의료행위와 환자들을 참관하는 것 외에 별달리 할 일이 없었다. 그런데 지금까지 생생하게 기억나는 것이 하나 있는데, 그것은 그곳에서 본 죽음의 장면이었다. 나는 그때 처음으로 죽음을 보았다.

그 병원은 불법체류 등으로 인해 제도권에서 치료받을 수 없는 외국인 노동자들에게 무료로 진료해주는 곳이었고, 내가 마주한 환자는 중국에서 온 분이었다. 말기 폐암으로, 더는 치료할 상태가 아니었다. 상태가 점점 더 심해져 임종을 지키기 위해 중국에서 가족이 오고 있다는 말도 들었다.

나는 옆에서 지켜보는 일밖에 할 수 없었지만, 수업 시간에 책에서 볼 수 없었던 것을 볼 수 있었다. 환자는 심전도 감시 장치를 착용하고 있었는데, 나는 수업 시간에 정상인 심전도와 사망 후에 심전도 모습을 배워 알고 있었다. 정상일 때 심전도는 일정한 간격으로 규칙적인 파형을 보인다. 그러다가 사망하면 심전도는 파형이 없어지고 일자로 그어진다. 하지만 사람이 죽어갈 때 심전도가 어떻게 보일지는 한 번도 생각해보지 않았다. 책이 가르쳐주는 심전도는 살아 있을 때는 이렇고 죽었을 때는 저랬다. 중간은 가르쳐주지 않았다. 나는 사람이 살다가 죽으면 심전도 역시 일반적인 모습을 보이다가 어느 순간에 일자로 바뀌려니 하고 막연하게 생각했다. 하지만 아니었다. 죽어가던 그 환자의 심전도는 내가 예상했던 그것이 아니었다.

처음에 심전도는 정상이었다가 이상하게 뛰는가 싶더니 멈추었다. 그러다가 다시 이상하게 뛰었고, 정상으로 뛰는가 싶더니 다시 멈추었고, 조금 있다가 다시 정상으로 뛰었다. 내 기억 속에서 꽤 긴 시간 동안 그랬다. 이상한 생각이 들었다. 뒤통수를 세게 맞은 것 같았다. 심전도가 뛰지 않으면 죽은 것인데, 그렇다면 이 환자는 살았다가, 살짝 살았다가, 죽었다가, 다시 살짝 죽었다가, 다시 죽는 것인가? 영혼과 육체가 분리되는 것이 죽음이라고 생각했는데, 그렇다면 영혼과 육체가 분리되려고 준비하다가, 살짝 분리되었다가, 분리되었다가, 다시 합쳐졌다가, 다시 살짝 분리되었다가, 이렇게 수십 분 동안 반복하는 것인가? 죽음이 무엇인지 혼란스러웠다.

그때 이후로 나는 사람이 왜 죽는지, 어떻게 죽는지 궁금해졌다. 사람이 죽는다는 것이 무엇인지도 궁금했다. 물론 그런 궁금증은 실습이 끝나고 의사고시 시험을 준비하면서 잊어버렸다. 계속 그런 생각을 하면서 사는 것 역시 이상했으리라. 그러다가 인턴을 마칠 때쯤 전공을 선택할 때 이 경험이 법의학을 전공하는 데 영향을 미치지 않았나 싶다.

마침 그때 모교에 법의학교실이 있었고, 이후 내 석·박사 지도교수이자 결혼식 주례를 맡아주신 분이 모교에 계셨다. 그래서 법의학을 전공할 수 있었다. 모교에 법의학교실이 없었다면 법의학을 전공하지 않았을 것이다. 우리나라 전체 40여 개의 의과대학 중에서 현재 법의학교실이 있는 의과대학은 10개 남짓이다. 언제쯤이면 모든 의과대학에 법의학교실이 만들어질까? 그런 날이 오기는 할까? 의과대학에 법의학교실이 있어야 법의학 전공자가 늘어날 텐데 말이다. 나는 법의학이라는 학문은 내과든 외과든 전공에 상관없이 모든 의대생과 의사들이 듣고 알아야 할 기본 학문이라고 생각한다. 요즘 사람들이 말하는 필수의료에 해당하는 학문이라고 생각한다.

"왜 법의학을 했어요?"라고 물어보는 이들 중에는 내 아이들도 포함된다. 이제 초등학교 고학년이 되어 생각이 트이기 시작한 내 아이들도 내게 이런 질문을 하곤 한다. 그러면 나는 좀 더 크면 이야기해주겠다면서 대충 넘기곤 했는데, 이 책을 보면 아빠가 무슨 일을 하는지 알게 되지 않을까 싶다.

여담을 조금 더 하면, 첫째 딸이 유치원 다닐 즈음에 나의 직업을 물어보았다. 어린 딸에게 아빠는 부검 같은 것을 하는 법의학자라고 알려주기가 어려워서 그냥 편하게 "아빠는 죽은 사람들을 도와주는 사람이야"라고 말했다. 그 뒤에 주위에서 이상한 말이 들려왔다. 자초지종을 들어보니, 딸이 주변에 아빠의 직업을 소개할 때, "아빠는 죽은 사람을 살리는 사람"이라고 했다고 한다. 딸 덕분에 나는 졸지에 예수님이 되었다.

결코 사소한
일상은 없다

스미노 요루의 소설 《너의 췌장을 먹고 싶어》에서 여주인공 사쿠라는 췌장의 병으로 시한부 삶을 살다가 묻지마 범죄로 시한부 기한도 모두 채우지 못한 채 사망한다. 여고생인 그녀는 시한부로 지내는 동안 병원에서의 수명 연장보다 병원 밖에서의 일상적인 삶을 선택한다. 밝고 활기차게 평범한 하루하루의 일상을 살다 세상을 떠나려 한다. 종종 앞에 서 있는 죽음에 두려움을 보이지만, 죽음에 대한 농담을 던지거나 죽은 뒤의 일들을 서슴없이 말하며 죽음을 받아들이고 무덤덤한 모습을 보인다. 죽음을 마주하게 되면서 매일매일 살아 있다고 실감하며 살 수 있어서 좋았다고까지 한다.

우리는 자신이 가지고 있는 것들에 대한 소중함을 깨닫지 못하고 산다. 머리카락, 눈, 코, 입과 입술, 치아 등의 신체 부위는 아프거나 다치면 그 소중함을 그때야 깨닫는다. 이뿐만이 아니다. 내가 이 시대에 이곳에서 태어나 사는 것 역시 내가 무심코 가지고 있는 것이다. 지금 여기가 아닌 지구의 다른 어느 곳에는 지금도 전쟁이 일어나고 있고, 정의롭지 못한 권력에 의해 국민이 핍박을 받으며, 여성이라는 이유만으로 차별받기도 한다.

대한민국에 태어났다고 해도 지금 이 시대에 태어나지 않았다면 어땠을까? 지금의 대한민국은 세계 순위권의 경제 대국이지만 수십 년 전만 해도 그렇지 못했다. 정치적으로는 독재 국가였고, 경제적으로는 가난했다. 조금만 더 뒤로 가면 전쟁 중이었으며, 식민 지배를 받고 있었다. 내가 이곳에서 이 시대에 태어나 사는 것도 내가 무심코 가지고 있는 것이다. 내가 무엇인가를 잘해서 또는 잘못해서 지금 여기에 태어나 사는 것이 아니다.

지금 나는 이 글을 쓰고 있으니 나는 살아 있다. 독자들도 눈이 있어서 글을 읽을 수 있고, 뇌가 있어서 글을 이해할 수 있다. 이것도 당연히 우리가 가지고 있는, 선물 같은 것이다.

누구에게나 하루 24시간의 같은 시간이 주어지지만, 누구는 행복으로 그 시간을 채우고 다른 누구는 불행으로 그 시간을 허비한다. 어떤 차이가 있을까? 사쿠라는 말한다.

　"오히려 죽음을 마주하면서, 매일매일 살아 있다고 실감하면서 살게 되어 좋았어."

　물론 매일의 삶 속에서 날마다 죽음을 인지하며 살 수는 없다. 그렇게 사는 것을 옳다고 할 수도 없고 그렇게 사는 것이 좋다고 할 수도 없다. 내일 죽을 수 있으니 오늘은 하고 싶은 대로 하며 살겠다는 것도 어리석어 보인다. 이처럼 자신을 내몰지 않더라도 매일의 삶 속에서 죽음이 있다고 생각하면서 사는 것은 여간 피곤한 일이 아니다. 하지만 오늘 주어진 24시간이 당연히 그냥 있는 것이 아니고, 내가 무심코 가지고 있는 것이 그냥 내게 있는 것이 아님을 인정하며 오늘 하루를 산다면 좀 더 감사한 마음으로 하루를 보낼 수 있지 않을까. 불행을 좇기보다 행복으로 24시간을 채울 수 있지 않을까.

　이 소설을 읽은 한 학생은 하고 싶은 일을 먼 미래로 미루지 말고, 누군가에게 표현하고 싶다면 당장 내일 죽어도 후회 없을 만큼 표현하며 살아야겠다고 했다. 죽음을 대비해 누군가에게 하고 싶었던 말, 남기고 싶은 말을 주기적으로 유서 형태로 작성하는 것이 좋겠다고도 했다. 좋은 생각이다.

흔히 유서를 미리 작성하는 것의 장점을 이야기하는데, 인생의 긴 여정 속에서 내 삶의 의미와 남기고 싶은 말이 늘 같을 수는 없다. 매년 연말에 한 해를 돌아보면서 감사한 일, 내년에는 이루거나 하고 싶은 일들을 정리해서 유서 형태로 고치고 새로 추가한다면 그 자체로 내 삶의 일기가 될 수 있을 것이다.

지금 고개를 들어 주위를 보면 내가 무심코 가지고 있는 것들을 볼 수 있다. 하늘에는 해와 달이 있고, 적당한 공기가 있어서 숨을 쉬고 있다. 내 몸 안에서는 횡격막이 적절히 운동하고 있고, 그 덕분에 양쪽의 허파가 팽창과 수축을 반복하고 있으며, 허파꽈리에서 쉼 없이 산소와 이산화탄소를 교환하고 있다. 내 심장은 끊임없이 규칙적으로 뛰면서 산소를 내 몸속의 30조 개에 이르는 세포에 쉬지 않고 공급해주고 있다. 적당한 중력이 나와 내 주변에 작용하고 있어서 모든 것이 안정적으로 자리하면서 나를 지지해주고 있다. 내가 어떻게 할 수 없는 것에 고민하고 걱정하는 것만큼 정신 건강에 나쁜 일도 없다. 내가 무심코 가지고 있는 것들에 감사하는 마음을 갖는 것이 행복한 삶을 여는 열쇠다. 모든 것이 기적이다.

죽음이 우리에게
오는 순간

타인의 죽음이 슬픈 이유는 무엇일까? 사쿠라의 죽음은 주위의 많은 이들에게 슬픔을 안겨주었다. 그녀의 어머니, 그녀의 남자친구였던 하루키, 그녀의 친구 교코……. 굳이 이 소설을 언급하지 않더라도 가까운 사람의 죽음이 슬픈 감정을 불러일으킨다는 것은 당연하다.

그렇다면 가까운 사람의 죽음은 왜 슬플까? 죽은 사람을 볼 수 없으니 타인의 죽음이 슬프다고 한다면 과거에는 그랬을지 모른다. 하지만 지금은 사진으로 볼 수 있고 동영상도 많아 단지 볼 수 없다는 이유로 타인의 죽음이 내게 슬픔의 이유가 되지 않는다. 비슷한 이유로 그 사람의 목소리를 들을 수 없게 되어 슬프다는 것도 이유가 되지 않는다.

고등학교 시절, 나는 죽은 사람과는 대화를 나눌 수 없기에 죽음은 슬픈 것이라고 생각했다. 눈을 마주 보며 내 고민을 이야기하고 그 사람의 말을 들을 수 없게 되는 것이 슬픈 일이라고 여겼다. 이것은 볼 수 없다거나, 그 사람의 목소리를 들을 수 없다거나, 그 사람의 뇌 활동에 의한 표현이 없어졌다는 것과는 다르다고 생각했다. 타인의 죽음이 슬픈 이유는 죽음이 관계의 단절을 뜻하기 때문이다. 사람은 누구나 관계 속에 산다. 어쩌면 관계가 이 세상의 핵심인지도 모른다. 상대성이론에서 시간과 공간도 관계성 안에 존재한다. 양자물리학에서 양자 얽힘도 관계성 안에 존재한다. 전자의 이중 슬릿 실험을 보면, 생명과 물체 사이에도 관계성이 있는 것 같다. 전자는 내가 보면 입자의 모습을 보이고, 내가 보지 않으면 파동의 모습을 보인다. 관계가 이 세상을 존재하게 하는 핵심 이론인지도 모르겠다.

그런데 죽는다는 것은 어느 시점을 말할까? 심장이 멈추는 때? 의식이 사라지는 순간? 그렇다면 고도의 치매를 앓고 있어서 의식이 불가역적으로 사라진 순간은 죽은 것일까? 생각을 더 이어가서 식물인간 상태는 어떤가? 의학적·법적 기준으로 삶의 마지막은 심장과 폐가 정지되는 시기로, 심폐 정지설이 통설이자 판례다. 그러나 과학이 발달함에 따라 현재는 뇌사 역시 사람의 죽음으로 인정하고 있다. 뿐만 아니라 최근에는 심장이식도 가능하다. 가까운 미래에 심폐정지는 의학적·법적 죽음의 정의라는 자리를 뇌사에 물려줘야 할 수 있겠다고 생각한다.

의학적·법적 죽음의 정의와 달리 우리가 일상에서 느끼는 죽음의 정의는 조금 다를 수 있다. 죽음은 그와 눈을 맞추지 못하게 하고, 이야기를 나눌 수도 없게 하며, 그를 느낄 수 없게 한다. 따라서 가까운 사람의 죽음이 슬픈 것은 죽음이 그와의 단절을 뜻하기 때문이라고 할 수 있다. 이런 의미에서 나를 아는 이들에게서 나에 대한 기억이 사라질 때가 진정으로 내가 죽는 때는 아닐까.

이런 생각을 담은 애니메이션 영화가 있다. 2017년에 개봉한 〈코코〉다. 이 영화에서 망자에 대한 기억을 가지고 살아 있는 사람들이 모두 사라지면 사후세계에서 망자가 소멸한다. 내 육체의 죽음과 타인의 기억 속에서의 죽음으로 사람이 두 번 나누어 죽는 것이다. 그리고 타인의 기억 속에서의 죽음이 이루어지면 사후세계에 있는 나는 소멸한다. 최종적인 나의 죽음은 내 심장이 멈추는 시점이 아니라 이 영화에서처럼 나와 관계를 맺은 사람들에게서 내 기억이 잊혀짐으로써 사람으로서의 관계가 마무리되는 시점이라고 할 수 있다. 그래서 나의 죽음은 사람들이 나를 잊어버림에 따라 여러 차례 오랜 시간에 걸쳐 여러 번 일어난다고 생각할 수도 있겠다.

그러면 관계가 없는 사람의 삶은 어떻게 이해해야 할까? 관계의 단절이 죽음을 의미한다면 죽음이 없을 때 삶 역시 없으며, 처음부터 관계가 없는 사람에게는 삶도 없다고 생각할 수 있다. 예를 들어 무인도에서 혼자 살다 죽은 사람을 가정할 수 있다. 하지만 인간과 사람은 다른 말이고, 그도 부모님으로부터 태어났을 것이다. 그리고 죽음을 정의하는 관계를 반드시 인간과 인간 사이의 관계에 한정해야 하는 것도 아니다. 사람 사이에서의 삶은 다른 문제이지만, 무인도에 혼자 살던 사람도 자연과 관계하며 살았을 테니 그의 삶이 없다고 할 수는 없다. 우리가 보면 입자이고 보지 않으면 파동이 되는 전자처럼, 생물과 무생물 사이에도 관계가 있다고 할 수 있으니 말이다.

췌장의 병이
사인일까

《너의 췌장을 먹고 싶어》에서 사쿠라가 앓고 있는 병은 췌장의 병으로 언급된다. 그리고 그녀는 그리 길지 않은 시한부 삶이 남았다고 한다. 소설에서는 어떤 병이라고 명시하지는 않지만, 아마도 췌장암을 말하는 듯하다.

종양이라고 하면 흔히 암을 생각하지만, 종양과 암은 다른 말이다. 종양은 양성종양과 악성종양으로 나누는데, 암은 악성종양을 일컫는다. 악성종양과 양성종양은 무엇이 다를까? 여러 가지 차이가 있지만, 기본적으로 양성종양은 성장에 제한이 있고 발생한 자리에 국한되어 자라는 특성이 있다. 이에 반해 악성종양의 가장 큰 특징은 성장에 제한이 없다는 점이다. 발생한 자리에 국한되지 않고, 주위 조직으로 침습한다. 그리고 혈관이나 림프관 등을 통해 다른 장기와 조직으로 전이할 수 있다. 암이 주위 조직으로 침습하며 자라는 모습이 게의 다리처럼 삐쭉삐쭉하게 생겼다고 해서 암을 영어로 cancer라고 부른다. cancer는 라틴어로 '게'를 뜻한다.

자궁에 암이 생기면 자궁 자체로는 별문제가 없을 수 있다. 특히 이미 출산이 필요하지 않은 여성이라면 자궁에 종양이 발생해서 종양이 커진다고 해도 불편함은 있을 수 있겠지만, 커진 자궁 때문에 사망에 이르지는 않으며 수술로 절제하면 치료가 완료된다.

자궁에서 흔히 발생하는 양성종양인 자궁근종에 의해 생리량 과다, 월경 곤란, 골반 통증, 성교 시 통증, 빈뇨 등이 생길 수는 있지만, 이 때문에 죽지는 않는다. 오히려 내 경험에 의하면 다른 사인으로 사망한 증례에서 부검 중에 자궁근종이 우연히 발견되는 경우도 흔하다. 그러나 자궁근종과 동일하게 자궁을 이루는 근육에서 발생한 종양이지만, 악성종양인 자궁의 평활근육종은 성장 속도가 빠르고, 주위 조직으로 전이되며, 복강 안에 있는 간이나 가슴에 있는 허파로 퍼져 생명을 앗아갈 수도 있다.

그렇다면 그녀는 어떤 췌장의 병이었을까? 웃자는 말에 죽자고 달려드는 것 같기도 하지만, 사쿠라는 여성이고 10대이며 악성종양이었을 테니, 그녀에게 발생한 췌장의 병은 대부분 여성 청소년과 젊은 여성에서 발생하는 고형 가유두상 종양으로, 전이가 동반된 상태가 아니었을까.

사인은 사망에 이른 원인을 말한다. 사인이란 사람을 죽음에 이르게 한 질병, 병적 상태 또는 손상이다. 즉 죽음에 이르게 한 일련의 이상 상태를 유발한 질병이나 손상을 의미하기 때문에 질병뿐만 아니라 교통사고나 추락과 같은 손상도 그 자체로 사인이 될 수 있다.

이런 사망의 원인은 막연한 추상적인 개념이 아니라 생물학적·의학적인 구체적 개념으로, 의학적으로 검토되고 과학적으로 타당한 결정이어야 한다. 그리고 사인은 어떤 확고부동한 객관적인 사실이기보다는 전문가의 판단이 필요한 대상으로서 의견이나 개념이라 할 수 있다.

사인을 결정하기가 비교적 쉬울 때가 있다. 가슴에 총창, 즉 총에 맞은 손상이 있는 경우가 그렇다. 이와 같은 사망에서 사인은 가슴 부위의 총창이라고 어렵지 않게 판단할 수 있다. 그러나 사인을 결정하기가 간단하지 않을 때가 있다. 두 개 이상의 위중한 손상이나 질병이 확인되기도 하는데, 이런 경우에는 어느 것이 일차적인 사망 원인인지 판단해야 한다. 이럴 때 유용한 한 가지 기준은 생명 유지에 필수적인 장기의 손상을 선택하는 것이다. 심장과 배 부위에 자창, 즉 칼과 같이 뾰쪽하고 날카로운 물건으로 찔린 손상이 있는 경우에는 심장 부위의 자창을 사인으로 판단하는 것이 합리적이다.

그러나 한 가지로는 사망 원인이 될 수 없는 손상이 두 개 이상 합쳐지면서 사망에 이르는 경우가 있고, 이때는 생명 유지에 필수적인 장기 하나를 선택하기가 어려울 수 있다. 예를 들어 여러 곳의 동맥 손상이 발생해 이들 동맥의 출혈이 더해지며 사망하는 경우가 그렇다. 이를 '사인의 합동'이라고 부른다. 다른 한편으로는 두 곳의 손상이 모두 생명 유지에 필수적인 장기일 수 있다. 뇌와 심장에 총창을 입었을 때는 사인의 우선순위를 결정하기가 쉽지 않다. 이처럼 여러 개의 위중한 상태가 있어 어느 하나를 사망 원인으로 판정하기 어려운 경우를 '사인의 연립'이라고 한다.

이 소설에서 사쿠라는 췌장의 병으로 시한부 삶을 살던 중 묻지마 범죄로 가슴 부위의 자창에 의해 사망한다. 이처럼 사망에 이를 만한 질병이나 손상을 안고 있었으나 인과관계가 현저

하게 단절되는 다른 원인에 의해 사망한 경우를 '사인의 개입'이라고 한다. 치명적인 심근경색증으로 입원해 있던 중 가슴 부위의 자창에 의해 사망하는 경우와 같은 예를 들 수 있는데, 사쿠라 역시 사인의 개입으로 사망했다고 할 수 있다.

존엄한 날들을 위한 시간

죽음이란 무엇인가

육체를 잃은 정신
정신이 빠진 육체

'육체 없이 정신만 존재할 수 있을까?' 라는 질문은 '육체와 정신이 분리될 수 있는가?' 라는 질문으로 바꿔 생각해볼 수 있다. 육체와 정신이 분리되어 존재할 수 없다면, 이 둘은 서로의 존재를 위해 필수적인 것이 되기 때문에 육체 없이 정신만 존재할 수 없다.

그 반대는 어떨까? 정신은 없이 육체만 존재할 수는 있을까? 정신이 없는 육체라면 흔히 시체를 떠올리며, 정신은 살아 있는 사람의 필수적인 부분이라고 생각한다. 육체와 정신이 같이 있어야 살아 있는 사람이고, 정신은 없고 육체만 있다면 사망한 사람이라고 할 수 있다. 그러면 죽음은 육체와 정신이 분리되는 것일까?

그런데 정신은 영혼일까? 정신이 육체의 고차원적인 사고활동이라고 할 수 있다면, 정신을 영혼이라고 할 수는 없을 것이다. 정신의 정의 자체에서 육체에 자신의 존재가치를 기대고 있으니 말이다.

반대로 정신은 있고 육체가 없는 경우를 생각해볼 수 있을까? 이런 경우를 상상하기 어려웠던 과거와 달리 지금은 그렇지 않다. 인간과 컴퓨터를 연결하는 기술인 뇌-컴퓨터 인터페이스(BCI)를 생각해볼 수 있다. 2024년 1월, 테슬라의 최고경영자 일론 머스크가 운영하는 뇌신경과학 관련 기업인 뉴럴링크에서 인간의 뇌에 컴퓨터 칩을 이식하는 임상시험을 시행했고, 양호한 신경 자극 신호를 보이고 있다고 발표했다. 수년 전에 원숭이의 뇌에 칩을 심은 후 원숭이가 원격으로 컴퓨터 게임을 하는 모습을 공개하더니 작년에 임상시험을 위한 기관심의를 통과한 이후 수개월 만에 인간을 대상으로 임상시험을 한 것이다. 이것은 뇌와 기계를 연결해서 뇌의 사고 작용을 컴퓨터에 옮겨 심는 것이다.

다른 한편으로는 메타버스와 같은 가상공간 안에 나와 같이 생각하는 또 다른 인지 기능을 가지는 나를 만들 수도 있다. 그러면 이런 가상현실 속의 인간은 사람으로 볼 수 있을까? 내 강의를 듣는 학생들 중에는 육체가 없는 정신은 물리적인 육체가 없어서 정신작용의 결과물을 실현할 수 없으며, 따라서 육체가 없는 정신은 의미가 없으므로 육체 없는 정신을 사람이라고 인정하기 어렵다고 강조했다.

여기에 덧붙여 나는 인간의 인간다움은 인간의 유한함에 있다고 생각한다. 육체가 유한하고, 우리의 정신도 유한하다. 생명도 유한하다. 그래서 나는 인간을 정의할 때 유한하다는 특성을 추가하고 싶다. 영원히 죽지 않는 인간이 있다면, 그런 존재는 인간성이 결여되었다.

무한한 육체뿐만 아니라 무한한 정신 역시 인간적이지 않다. 유한하고 부족한 존재이기 때문에 인간이 아닐까. 다행스럽게도 무한한 인간은 없으므로 이는 불필요한 가정일 뿐이다. 이는 소설 《변신》의 작가 프란츠 카프카의 "삶이 소중한 이유는 언젠가 끝나기 때문이다."라는 말과 일맥상통한다.

유한함은 자연스럽게 시간의 제약과 연결되고, 시간의 제한이라는 특성은 기억으로 구체화되어 나타난다. 장 자크 루소의 사회계약론 사상에 영향을 미쳤고, 의사이기도 했던 철학자 존로크가 《인간지성론》에서 언급했듯이 개인의 정체성은 개인

자신의 회상 기억을 통해 형성되고 구성된다. 그래서 기억한다는 것은 단지 시험을 보기 위해 암기한다는 것 이상의 의미가 있다. 내가 먹는 것이 내 몸을 이루듯이 내가 기억하는 것이 내 정체성을 만들고, 그것이 곧 내가 된다.

내 아이들과 어떤 질병이 가장 좋지 않은 질병인지 이야기 나눈 적이 있었다. 아이들은 암이나 심장병을 꺼냈고, 나는 모든 질병이 대개는 나쁜 것이지만, 그중에서도 가장 나쁜 질병은 치매라고 생각한다고 말했다. 그 이유는 치매는 나를 잃어버리는 질병이기 때문이다. 지난 시간 내가 보았고, 들었고, 느꼈고, 생각했던 경험의 기억들이 내 정체성을 구성하기 때문에 치매로 인해 기억 등 인지기능을 상실하면 그것은 곧 나를 잃어버리는 것을 의미한다. 시간의 제한 안에 있는 나를 인식하고 내 유한함을 아는 것이 인간다움의 주요한 특성이다. 그리고 인간이기에 보이는 많은 성질이 이런 유한함을 인식하는 것으로부터 이차적으로 드러난다.

BCI와 관련해서 2014년 영화 〈트랜센던스〉를 추천하고 싶다. 이 작품은 스스로 생각하는 능력까지 갖춘 슈퍼컴퓨터의 완성을 앞둔 과학자 윌 캐스터가 반(反)과학단체에 의해 암살당하고, 그의 연인이 그의 뇌를 슈퍼컴퓨터와 연동시킨 후에 자신이 윌 캐스터라고 말하는 슈퍼컴퓨터가 벌이는 이야기를 다룬다. BCI가 충분히 발전하면 육체와 정신이 분리되는 것이 불가능하지도 않을 것이다. 물론 정신과 영혼은 다른 것일 테지만.

인간과 사람 그리고
톨레레 리베룸

16세기 철학자이자 법률가인 몽테뉴는 그의 책 《수상록》에서 "죽음을 가르치는 사람은 동시에 삶도 가르쳐야 한다."라고 말했다.

우리는 모두 태어난 삶을 살고 있는데, 언제부터 우리는 인간이고 사람이라고 할 수 있을까? 인류학자 김현경이 쓴 《사람, 장소, 환대》에서는 사람이 된다는 것은 어떤 보이지 않는 공동체 안에서 성원권을 갖는 것을 의미한다고 말한다. 사람은 인간과 다른 말로, 사람은 일종의 자격이며 타인의 인정이 필요한 것이라고 했다. 인간은 생물학적인 개념의 정의이고, 사람은 사회적 개념의 정의다. 신생아는 인간이다. 신생아가 생물학적으로 인간이라는 점은 부인하기 어렵다. 하지만 사람은 아닐 수 있다. 이것이 무슨 말이냐고 물을 수 있을 것 같다. 그런데 현대 사회에서는 태어남과 동시에 신생아는 사람으로 인정하지만, 과거에는 그렇지 않았다.

우리나라 민법은 사람이 생존하는 동안에만 권리와 의무의 주체가 된다고 규정하고 있다. 따라서 아직 출생하지 않은 태아는 특수한 경우를 제외하고는 권리능력을 인정받을 수 없다. 민법에서 출생 시기는 태아가 모체로부터 전부 노출된 때를 기준으로 삼고 있다. 즉 태아가 어머니 몸속에서 바깥으로 전부 노출되면 특별한 다른 조건이 필요하지 않고 바로 사람으로 인정된다. 이런 출생 시기는 법에 따라 달라서 형법에서는 모체로부터 분리되기 전의 태아도 조금 일찍 사람으로 인정해준다. 형법에서 출생 시기가 중요한 이유는 그것이 낙태죄와 살인죄를 구분하는 기준이 되기 때문이다.

형법 제269조 낙태 조항에서는 부녀가 약물 기타 방법으로 낙태했을 때 1년 이하의 징역 또는 200만 원 이하의 벌금형에 처하고, 부녀의 촉탁 또는 승낙을 받아 낙태하게 한 자도 이 형과 같으며, 이 죄를 범해 부녀를 상해에 이르게 했다면 3년 이하의 징역을, 사망에 이르게 한 경우에는 7년 이하의 징역에 처한다.

아울러 의사 등의 낙태, 부동의 낙태를 다룬 같은 법 제270 조에서는 의사, 한의사, 조산사, 약제사 또는 약종상이 부녀의 촉탁 또는 승낙을 받아 낙태하게 한 때는 2년 이하의 징역에 처하며, 부녀의 촉탁 또는 승낙 없이 낙태하게 한 자는 3년 이하의 징역에 처한다. 이들 죄를 범해 부녀를 상해에 이르게 한 때는 5년 이하의 징역에 처하며, 사망에 이르게 했다면 10년 이하의 징역에 처한다.

낙태죄에 대해 헌법재판소는 지난 2019년 4월 11일 "임신, 출산, 육아는 여성의 삶에 근본적이고 결정적인 영향을 미칠 수 있는 중요한 문제이므로, 임신한 여성이 자신의 임신을 유지 또는 종결할 것인지 아닌지를 결정하는 것은 스스로 선택한 인생관, 사회관을 바탕으로 자신이 처한 신체적 · 심리적 · 사회적 · 경제적 상황에 대한 깊은 고민을 한 결과를 반영하는 전인적 결정이다."라고 판단하며, 형법 제269조 제1항인(자기낙태죄), 제270조 제1항(의사낙태죄)에 대해 헌법불합치 결정을 내렸다. 그리고 당시 2020년 12월 31일을 기한으로 개정 입법이 이루어져야 하며, 그때까지 한시적으로 이 조항의 효력을 인정한다고 판시했다. 그러나 지금까지 개정 입법은 이루어지지 않았고, 이에 따라 이 조항들은 2021년 1월 1일부터 효력이 상실된 상태다.

형법에서 출산 시기에 대해 판례는 분만설을 채택하고 있다. 모체가 규칙적인 진통이 있어 분만을 시작하면 출산 중의 태아도 인간으로 인정된다. 규칙적인 진통을 동반하면서 태아가 태반으로부터 이탈하기 시작한 때, 즉 분만이 개시된 때를 인간의 인정 시기를 위한 기준으로 삼고 있다. 따라서 분만 전의 태아를 살해하면 낙태죄로 처벌되지만, 분만 중의 인간을 살해하면 살인죄로 처벌된다. 그래서 분만 중 사망 사고가 발생하면 의사에게는 낙태죄가 적용되는 것이 아니라 인간을 사망하게 한 것으로 인정되어 업무상과실치사죄가 적용된다. 이는 민법과 달리 형법에서는 인간의 생명을 좀 더 일찍 보호하려는 의도가 있는 것으로 생각된다.

태어남의 시기가 민법과 형법에서 서로 다르기는 하지만, 이처럼 현대 사회에서는 태어남과 동시에 다른 통과의례나 사회적 인정의 절차 없이 신생아는 사람으로서 인정된다. 그러나 과거에는 그렇지 않아 사회적으로 받아들여지는 통과의례를 거쳐야 사람으로 인정을 받았다. 예를 들어 고대 로마의 톨레레 리베룸, 유대인의 할례 의식, 우리나라의 백일잔치나 돌잔치 같은 것들을 꼽을 수 있다. 이 중 톨레레 리베룸의 tollere는 '들다' 또는 '높이다'라는 tollo의 부정사형으로 '높임'을 뜻하며, liberum은 liber의 남성, 단수, 대격형으로 '자유로운 이를'이라는 뜻이다. 즉 톨레레 리베룸은 '자유로운 이를 들어 올림'이라는 의미다. 독자들 중에는 영화 〈라이언 킹〉에서 아기 사자 심바가 태어났을 때 주술사 원숭이가 심바를 들어 올리는 장면을 보았을 것이다. 이처럼 로마인들은 아이가 태어나서 모체로부터 분리되면 그 집안의 가장 또는 아버지가 모체로부터 자유롭게 된 아이를 들어 올리는 행위를 했다. 이런 의례의 과정을 거침으로써 태어난 아이를 집안 구성원의 일부로 받아들임을 나타낸 것이다.

반대로 가장이 태어난 아이를 받아들이지 않을 수도 있을까? 물론 그럴 수도 있다. 집안의 가장이 태어난 아이를 받아들이지 않으면 그 아이는 공동체 안에서 성원권을 갖지 못한 채 집 밖에 버려진다. 성원권을 갖지 못한다는 것은 사람이 되지 못한다는 것을 의미한다. 이를 expositio라고 한다. 라틴어인 이 단어는 '설명(exposition, explain)', '전시(exhibition)'를 뜻하는데, expositio는 '노출된(exposed)'이나 '노출된 영아나 아기'를 의미하는 expositus와 연관된 단어다. 감춰진 것을 드러내서 보여주는 것이 설명하는 것이고, 감춰서 보호하지 않고 노출시키는 것은 버리는 것을 의미하기도 한다. 이처럼 사회가 받아들여야 인간은 사람이 된다. 태어났지만 감춰서 보호되지 못하고 노출된 아기는 집밖에 버려졌다.

영어로 인간은 human이고 사람은 person이다. 그리고 이들 단어에서 유래한 다른 단어로는 humanity와 personality가 있다. 각각 '인간성, 인간애'와 '개성, 성격'의 뜻이다. 즉 인간은 다른 생명체와의 차이를 보이는 생물학적인 개념의 인간을 말한다. 인간성이 없다는 말은 인간으로서 가져야 하는 무언가가 부족해서 인간 같지 않고 동물이나 식물 같다는 말로 해석될 수 있다. 따라서 인간은 비(非)인간으로부터 구분되는 존재를 나타낸다.

반면에 person은 인간들 사이에서의 의미를 지니는 사회적 개념의 존재, 즉 사람을 말한다. person은 라틴어 persona에서 유래한 단어로, 라틴어 페르소나는 '가면'이라는 뜻이다. 배우는 연극 무대 위에서 가면을 쓰는 행위를 통해 다른 사람이 된다. 가면을 쓴다는 것은 나의 모습을 감추고 내가 아닌 다른 사람이 된다는 것을 의미하기 때문에 이것은 나 말고 다른 사람의 존재를 가정하고 있다. 또한 개성(personality)이 없다는 말은 다른 인간과 차이가 없다는 뜻으로 해석된다. 따라서 사람은 사람 사이에서 다른 사람과 구분되는 존재를 나타내는 단어다. 우리는 인간이고, 인간들 사이의 관계 속에 있는 사람이다. 이것이 우리가 나의 죽음뿐만 아니라 타인의 죽음에 관심을 가져야 하는 이유이기도 하다.

타인과 나의
죽음

삶과 죽음을 정의하는 것은 당연히 매우 어렵다. 나의 삶과 죽음이든, 타인의 삶과 죽음이든 마찬가지다. 태어난 김에 사는 것이고 죽지 않았으니 사는 것이라고 할 만하다. 내 강의 중 한 학생은 타인과 나의 죽음을 '슬픔, 무정(無情), 미지(未知)'라고 했다. 타인의 죽음은 나와 가까운 타인과 내가 모르는 타인으로 구분할 수 있고, 나와 가까운 타인의 죽음은 슬픔으로 정의했다. 내가 모르는 타인의 죽음은 무정이다. 내가 모르는 사람들의 죽음에서도 파괴적인 슬픔에 처한다면 내 삶은 깨지고 말 것이다. 물론 비록 잘 모르는 타인의 죽음이라고 해도 정의로운 죽음, 부당한 죽음, 희생적인 죽음, 어린이아의 죽음 등에서 측은지심과 같은 어느 정도의 슬픔, 안타까움이나 아픔을 느끼는 것은 당연하다. 다음으로 나와 가까운 타인의 죽음은 슬픔으로 정의할 수 있는데, 한 학생은 죽음이란 주변인들에게 큰 상처를 주는 것이고 가슴 깊이 새겨진 지울 수 없는 흉터라고 표현했다.

나의 죽음은 알 수 없다. 이미 나는 죽은 사람이니 의식이 없다. 슬픔과 같은 감정이나 나의 죽음을 분석하는 이성적 판단은 있을 수 없으니 미지가 어울린다. 그래서 나의 죽음은 나 자신에게 공포의 대상이 된다. 우리는 알지 못하는 길에 들어서면 공포를 느낀다. 어두운 길이라면 더욱 그럴 것이다. 하지만 아는 곳이라면 똑같은 어둠 속에서도 공포를 느끼지 않을 수 있다. 내 집 안에 있다면 어두워도 특별한 두려움 없이 다닐 수 있다. 그렇지만 알지 못하는 것은 공포를 줄 수 있고, 그래서 나의 죽음은 내게 공포를 준다.

나의 죽음을 부정적으로 받아들이는 이유 중 하나는 셸리 케이건 교수가 쓴 《죽음이란 무엇인가》 중 박탈 이론으로 어느 정도 설명할 수 있다. 삶에서 가질 수 있는 행복이 더 있는데, 죽으면 이런 행복감을 가지지 못하므로 나의 죽음은 내게 부정적일 수 있다. 물론 나의 죽음이 타인에게는 행복을 줄 수도 있을 테지만.

내 수업을 듣는 학생들은 모두 대학생이라 박탈 이론이 잘 들어맞는다. 힘든 수험생 시기를 거쳐 대학생이 되었으니 지금 죽는다는 것은 생각하기조차 싫은 일일 것이다. 이해되고 납득된다. 하지만 앞으로의 삶에서 더 어려움이 예정되어 있다면 어떨까? 앞으로의 삶에 희망이 없고, 오히려 암울한 미래만 보이면서 개선을 위한 끈이 보이지 않는다면 단지 젊다는 시간적 개념에 근거해 박탈 이론을 적용하기는 어렵다. 오히려 내가 부검을 통해 경험한 젊은 친구들의 자살 사망에서 그들을 힘들게 한 것은 그들이 처해 있던 현재의 좋지 못한 상황보다는 희망이라는 기대로 미래를 볼 수 없었던 어긋난 시선에 있었다.

그는 어려서부터 성실했고 부모님의 기대를 만족시켜 드리기 위해 노력하는 속 깊은 아들이었다. 가정은 넉넉하지 않았다. 그렇다고 형편이 어려운 것은 아니었다. 부모님은 건강하셨고, 하나 있는 아들이 그였다. 부모님은 하나밖에 없는 아들을 사랑으로 지원해주었고, 아들은 서울에 있는 대학으로 진학하고 싶었다. 부모님의 사랑과 기대 속에 고등학교 3년 동안 입시를 준비했고 시험을 치렀으나 결과는 만족스럽지 않았다.

요즘 고등학교는 4년제라는 말로 위안 삼으며 경기도에 위치한 재수학원에서 다시 대입 시험을 준비했다. 재수학원은 기숙학원이었고, 두 번째 대입 시험부터는 부모님을 떠나 생활하게 되었다. 그렇게 준비한 시험이었지만 안타깝게도 두 번째 도전도 결과는 만족스럽지 못했다. 그는 부모님께 죄송했다. 넉넉하지 않은 살림에도 기숙학원까지 보내주셨는데, 웃음과 기쁨 속에 만족스러운 결과를 보여드리지 못한 것이 죄송했고, 무엇보다 부모님의 기대를 만족시켜 드리지 못했다는 생각에 자신이 미웠다.

그는 1년만 더 준비해서 다시 도전해보기로 마음먹었다. 하지만 계속 기숙학원에서 시험을 준비하는 것은 죄송했다. 창이 없는 고시원 방을 얻어 자취하며 시험을 준비하기로 마음먹었고, 생활비를 스스로 마련하기로 했다. 처음에는 일주일에 한 번씩 부모님과 통화하며 일상을 나누었지만, 그런 연락은 점점 뜸해졌고, 그렇게 몇 개월이 지나면서 부모님과 연락이 끊어졌다. 그렇게 3년이 지났다.

어느 날 부모님은 경찰로부터 전화를 받았다. 전화기 너머에서 경찰은 차분하고 건조한 말투로 ○○○ 씨를 아느냐고 물었다. 그 이름은 어려서부터 성실했고 속 깊었던 아들의 이름이었다. 오랜만에 타인에게서 듣는 아들의 이름이 처음에는 반가웠다. 하지만 이내 전화기 너머 상대방과의 대화가 반가운 일이 아니라는 사실을 금방 깨달았다.

전화기 너머의 상대방은 경찰이었다. 그는 아들이 사망한 채 발견되었다는 말을 툭 던지듯 건넸고, 이어서 만나자고 했다. 만나자는 곳은 ○○병원 영안실이었다. 처음에는 믿기지 않았지만, 왠지 모르게 이런 이야기를 언젠가는 들을 것 같다는 어렴풋한 예상이 현실이 되었다는 생각이 들기도 했다. 몸은 움직이지 않았지만, 하릴없이 약속을 잡았다.

서둘러 약속한 장소로 가야 했고, 수년간 보지 못한 아들을 보았다. 하지만 아들을 알아볼 수는 없었다. 얼굴은 없었지만, 얼굴뼈는 있었다. 언젠가 TV에서 본 것 같은 사람의 얼굴뼈였다. 그러나 뼈만 있는 얼굴에서 아들의 얼굴을 찾아볼 수는 없었다. 그랬다. 사람의 얼굴뼈 같았다. 하지만 아들은 아니라고 생각했다. 그런데 경찰이 보여주는 소지품은 아들의 것이 틀림없었다. 아들의 휴대전화, 아들의 주민등록증, 아들의 지갑이었다.

경찰과 함께 경찰서로 가서 진술서를 작성했다. 아들의 이야기를 경찰에게서 들을 수 있었다. 연락되지 않은 그 언제가 이후로 아들이 어디에서 어떻게 살았는지 경찰에게서 들어 알 수 있었다. 그리고 마지막 행적은 좀더 자세하게 들을 수 있었다.

그는 서울에서 버스를 타고 내려왔다. 터미널의 CCTV가 그 날짜와 시각과 장소를 알려주었다. 그리고 한동안 행적이 불분명했고, 어느 날 도토리를 줍던 사람이 인적이 드문 야산에서 그를 발견했다. 그는 양반다리를 하고 앉은 자세였다. 허리를 굽혀 얼굴은 땅에 닿아 있었다. 긴 소매 옷과 점퍼를 입고 있었고, 바지를 입고 있었으며, 운동화를 신고 있었다. 옷과 운동화에 가려져 있던 부분은 부패했어도 형태는 알아볼 수 있었다. 하지만 노출되어 땅에 닿아 있던 얼굴과 손은 그렇지 않았다. 얼굴뼈와 손뼈와 질긴 인대가 있을 뿐이었다. 그의 주위에는 그의 것으로 보이는 가방이 있었다. 물통과 약통이 있었다. 잡다한 물건들이 흐트러져 있었다.

왜 편하게 누워 있지 않았을까? 어려서부터 부모의 기대를 저버리는 것을 싫어한 속 깊은 아들이었는데, 마지막까지 죄송한 마음이었을까? 왜 앉은 자세로 먼 길을 떠나갔을까? 이것이 아빠와 엄마의 마음을 더욱 아프게 했다.

많은 사람들이 젊었을 때로 다시 돌아가기를 바라곤 하는데, 그 당시의 삶 이후에 누린 행복을 다시 누리고 싶어서는 아닐 것이다. 늘 좋은 일만 있었던 것은 아니었으므로 젊었을 때로 돌아간다면 이후에 있을 행복의 시간만큼 불행의 시간도 감당해야 한다. 오히려 많은 사람들이 젊었던 시절로 다시 돌아가기를 원하는 것은 그때 그 시간 자체의 행복 때문이지 않을까. 오늘은 언제나 내일보다 나의 젊은 날이다. 앞으로 있거나 없을지도 모르는 행복감 때문에 내 삶을 소중히 여기는 것보다 지금 내 삶에서 행복감을 느끼는 것이 더욱 중요한 것은 아닐까 생각해본다.

삶의 존엄과
가치

삶은 B와 D 사이의 C라고 한다. birth(탄생)와 death(죽음) 사이의 choice(선택)라는 것이다. 우리는 늘 선택하면서 살아간다. 한 번 죽는 것은 이미 정해져 있고, 죽음은 삶과 별개의 다른 무엇이 아니라 삶과 연결되어 있는 것이다. 삶은 소중하고, 죽음은 필연적이다. 그렇다면 끝이 있는 삶을 살면서 좀 더 나은 삶을 살려면 어떻게 해야 할까?

우선 삶에 끝이 있다는 것을 인식하고 인정해야 한다. 인식한다는 것은 그것을 깨달아 알아야 한다는 것이고, 인정해야 한다는 것은 그것을 받아들여야 한다는 것이다. 그리고 삶은 주관식이라는 사실을 깨달아야 한다. 객관식 시험처럼 1등부터 마지막까지 한 줄로 세울 수 없는 것이 삶이다. 삶의 의미 역시 모두에게 각자 다르다. 내가 무엇을 잘하는지, 나는 무엇을 할 때 즐거운지, 나는 무엇에 열정적인지, 나는 무엇에 감사하는지 등의 질문을 통해 내 삶의 의미를 이해해야 하고 이해하도록 노력해야 한다. 아침에 해가 떠오르면 새벽녘에 시야를 가리던 안개가 걷히고 이후에는 맑은 거울을 보는 것처럼 주위가 뚜렷해지듯 나에 대한 질문 이후에 내 삶의 의미가 뚜렷해질 수 있다. 처음에는 흐릿하더라도 삶을 통해 살아가며 시간이 지나면서 내 삶도 자연스럽게 점점 더 뚜렷해진다.

이런 과정에서 때로는 잘못된 선택을 할 수도 있고 좋은 선택을 할 수도 있겠지만, 결국 내가 한 선택이기에 나름의 의미가 있다. 내 수업을 듣는 한 학생은 삶이란 생명이라는 그릇에 많은 경험을 채워 넣어 나만의 특색 있는 요리를 만드는 것이며, 살아 있을 때 잘 하는 것이 무엇보다 중요하다고 했다. 그 그릇 안에 무엇을 넣을지는 내가 정할 수 있고, 법적으로 이야기하면 이를 자기결정권이라고 할 수 있겠다.

"모든 국민은 인간으로서의 존엄과 가치를 가지며, 행복을 추구할 권리를 가진다. 국가는 개인이 가지는 불가침의 기본적 인권을 확인하고 이를 보장할 의무를 진다."

헌법 제10조는 행복 추구를 위한 조건으로 자기결정권의 근거를 이렇게 규정한다. 이에 따라 모든 국민은 인간으로서 존엄과 가치를 가지고 행복추구권을 가진다. 또한, 국가는 이런 개인이 가지는 불가침의 기본적 인권을 확인하고 보장할 의무를 갖는다. 행복추구권에 기초해 모든 국민은 자기결정권을 갖는다. 그리고 이 자기결정권에 근거해 우리는 성적 자기결정권을 갖고, 국가는 개인의 성적 자기결정권을 보장할 수 있도록 제도를 만들며 필요한 경우 형벌을 가하기도 한다. 또한, 자기결정권을 보장하기 위해 의사는 환자에게 설명 의무를 적절히 행해야 하고, 이는 2016년 12월 20일 의료법에 명시되었다. 그러나 의사의 설명 의무는 의료법에 명시되기 이전에도 판례를 통해 인정되어 왔다.

　개인들 간에 권리와 의무가 만들어지려면 계약이 필요하듯 환자와 의사 사이의 권리와 의무 발생에도 계약이 기본이 된다. 의사가 환자에게 진료를 해야 하는 의무가 발생함과 함께 진료하면서 환자의 협조를 받을 권리와 진료비를 지불해야 하는 의무가 발생한다. 그리고 계약이 어느 한쪽의 불리함 없이 이루어지려면 계약 내용을 서로 잘 알고 있어야 한다. 정보가 한쪽에만 치우쳐 있다면 그 계약이 정당하다고 하기 어렵다.

인간은
존엄한가

삶과 죽음이 있는 인간은 존엄한가? 우리는 인간이 존엄한 존재라고 자연스럽게 받아들이지만, 질문을 조금 바꾸면 달라질 수 있다. 남자와 여자는 똑같이 존엄한가? 어른과 어린이는 똑같이 존엄한가? 양반과 노비는 똑같이 존엄한가? 최근까지도, 어쩌면 지금도 남자와 여자가, 어른과 어린이가, 또는 신분이나 부와 권력의 우월함의 정도에 따라 존엄함의 정도에 차이가 있는 것처럼 보이는 것을 부인하기는 어렵다.

그렇다면 인간은 왜 존엄할까? 인간이 존엄한 존재라는 사실을 부인하는 하는 것은 적절하지 않고, 부인하고 싶지도 않다. 따라서 인간의 존엄성 여부를 언급하기보다는 인간의 존엄성이 어디에 근거하는지 살펴보는 것이 옳을 것 같다.

역사적으로 보면 프랑스혁명 당시 제헌국민의회는 1789년 8월 26일에 채택한 '인간과 시민의 권리선언'에서 인간 존엄성을 공식적으로 확인했다. 제1조의 인간의 기본권, 제2조의 저항권, 제3조의 국민주권의 원리, 제11조의 사상과 언론에 자유, 제16조의 권력 분립의 원칙, 제17조의 신성불가침의 소유권 등이 그렇다. '인간과 시민의 권리선언'은 이후 많은 민주주의 나라에서 제정된 헌법의 기초가 되었다.

이름부터 '인간'과 '시민'의 권리선언이다. 시민은 어렵지 않게 납득되는데, 인간이라는 보편적인 단어를 사용했다는 점도 놀랍다. 시민의 권리뿐만 아니라 시민이 아닌 보편적인 인간으로서 가져야 하는 인간의 권리를 선언한 것이다. 생명권 등 인간의 기본권이 그것이다.

채택된 날은 더 놀라운데, 1789년 8월 26일이다. 바스티유 요새 습격의 혁명이 1789년 7월 14일이었음을 생각하면 겨우 한 달 만에 이런 선언을 작성해 채택했다니, 놀랍기만 하다. 혁명은 총과 칼로만 하는 것이 아니다. 이 선언은 사상과 문화 등 시대의 흐름과 국민 개개인의 변화가 함께해야 혁명이 완성될 수 있음을 보여준다. 그리고 이 선언문이 미국 독립선언서를 작성했으며 프랑스혁명 당시 프랑스에서 미국 대사로 거주하던 토머스 제퍼슨의 영향을 받아 작성되었다는 점도 신기하다.

물론 '인간과 시민의 권리선언' 이전에 종교개혁의 흐름 속에서 이루어진 1689년 영국의 권리장전이나 영국으로부터의 독립의 문제가 주요 사항이었던 1776년 미국의 독립선언서가 있었지만, 인간의 기본권을 선언하며 그 대상을 '인간' 으로 명시하고 있는 프랑스혁명의 '인간과 시민의 권리선언' 은 더욱 보편적이라고 할 수 있다. 이 권리선언은 자연인으로서 가지는 인간의 권리를 말하고 있으니 말이다.

여담이지만, 1689년 영국의 권리장전이 있었고, 정확히 100년 후인 1789년에 프랑스혁명이 있었으니, 이것도 신기하다. 이 100년 사이에 존 로크의 《통치론》과 루소의 《사회계약론》이 출판되었고, 1776년에 미국의 독립선언이 있었다. 이런 사상들이 인간의 존엄함을 말하는 혁명의 기틀이 되었을 것이다.

철학적으로 인간의 존엄성은 18세기 철학자 칸트의 사상에서 찾아볼 수 있다. 그는 인간의 존엄성을 이야기할 때 인간을 단지 수단으로서가 아닌 항상 목적으로 대우해야 한다고 했다. 그리고 인간은 존엄한 존재로 태어난다고 했는데, 다만 인격체로서의 인간, 즉 도덕적이고 동시에 실천적인 이성의 주체로서 행위를 할 때 존엄한 대우를 받을 수 있다고 했다.

여기에서 인격체는 문제를 해결하며 다른 사람과 소통하고 공동체로서의 윤리적 실현을 할 수 있는 능력을 지닌 존재를 말한다. 이성을 수행할 수 있는 능력을 지닌 존재가 인격체이고, 인격체는 존엄성을 갖는다. 외부의 강요에 의해서가 아니라 스스로 자신이 옳다고 인정하고 도덕법칙에 따라 자율적으로 행동할 수 있는 존재인 인간은 선과 악을 구별해 실천하는 자유를 가진 존재로서 존엄성을 갖는다.

기독교 신학적으로 인간은 신(하나님)의 형상(Imago Dei)을 따라 지음을 받았기 때문에 존엄하다고 인정한다. 구약성경의 첫 번째 책인 《창세기》 1장 26~27절은 다음과 같다.

"하나님이 이르시되 우리의 형상을 따라 우리의 모양대로 우리가 사람을 만들고 그들로 바다의 물고기와 하늘의 새와 가축과 온 땅과 땅에 기는 모든 것을 다스리게 하자 하시고 하나님이 자기 형상 곧 하나님의 형상대로 사람을 창조하시되 남자와 여자를 창조하시고."

유일신을 말하는 기독교에서 '우리의 형상'이라는 복수를 사용하고 있는 점도 특이한데, 이는 삼위일체의 의미를 함의하고 있는 것이다.

그러면 하나님의 형상이란 무엇인가? 여기에서 형상이란 단순히 외관적인 모습이 아니라 다른 피조물들과 달리 인간만이 가지고 있는 특별한 특성을 말한다. 따라서 하나님의 속성을 알면 인간 존엄성의 근거가 되는 특성을 추정해볼 수 있지 않을까? 하나님의 속성은 1648년 영국 의회에서 공인된 《웨스트민스터 신앙고백서》를 살펴보면 알 수 있다. 이 신앙고백서는 장 칼뱅의 개혁주의 기독교 신앙의 내용을 잘 담고 있다. 이 책을 어린아이들에게 가르치기 위해 함께 만든 《웨스트민스터 신앙고백서 요리문답》 제4문의 문답을 보면 다음과 같다.

"하나님은 어떤 분인가요(What is God)?"

"하나님은 영(靈)이신데, 그의 존재, 지혜, 권능, 거룩하심, 공의, 인자, 진실하심이 무한, 영원, 불변하는 영이십니다."

하나님이 누구이냐고 묻지 않고 무엇(what)이냐고 묻는 점이 특이하다. 사람은 신이 누구인지 알 수 없기에 그렇게 묻는 것이다. 사람은 신의 속성을 통해 신이 어떤 존재인지 생각할 수 있을 뿐 신이 누구라고 알 수는 없기 때문이다. 그리고 나서 신의 속성을 통해 신을 알아보면 하나님은 영인데, 존재, 지혜, 권능, 거룩함, 공의, 인자, 진실함이라는 속성이 무한하고 영원하며 변하지 않는 영이라고 말하고 있다. 이를 종합하면 인간은 지혜, 거룩함, 공의, 인자, 진실과 같이 신과 공유할 수 있는 공유적 속성을 가지고 있기 때문에 존엄하다는 것이다.

인간이 존엄한 이유는 다양할 수 있고, 잘 이해되지 않는 부분도 있을 수 있다. 그렇더라도 인간이 존엄하다는 사실 자체는 인정할 수밖에 없다. 태어나고 살아가고 죽는 인간에게는 존엄함이 있으며, 존엄한 인간은 행복을 추구할 권리가 있다.

이에 대한 내 강의 중에 한 학생은 인간의 존재는 영혼 그 자체이거나 영혼이 인간의 중요한 부분이며, 육체적 죽음이 인간의 소실을 의미하는 것은 아니라고 했다. 이원론적인 입장으로 생각되는데, 인간은 신의 속성을 가진 자로서 유한하면서 무한을 꿈꾸는 존엄한 존재다. 우리는 눈으로 원자를 보지 못해도 원자가 있다고 믿는다. 원자의 존재를 가정함으로써 세상을 설명할 수 있기 때문이다. 사랑, 우정, 신뢰와 같은 현상들이 영혼이라는 존재를 가정함으로 설명될 수 있다면, 영혼의 존재를 믿는 것이 합리적이지는 않을까. 에라스뮈스의 《우신 예찬》에서 우신(愚神)은 감각을 다음과 같이 구분한다.

"감각은 모두 육체와 관련을 갖지만, 이들 가운데 육체와 긴밀히 붙어 있는 것으로는 예를 들어 촉각, 청각, 시각, 후각, 미각이 있으며, 육체와 좀 떨어져 있는 것들로는 기억, 인지, 의지가 있다. 그 가운데 영혼은 육체와 가까운 감각에 위치할 수도 있고, 육체와 떨어져 있는 곳에 위치할 수도 있다."

어떤 기능이나 실체가 그 존재의 위치 및 구조가 파악되었다고 해서 그 존재가 설명되었다고 하기는 어렵다. 제롬 케이건은 그의 책 《무엇이 인간을 만드는가》에서 토네이도는 공기 분자와 물 분자의 집합이라고 할 수 있지만, 그 구성과 기원이 되는 실체가 확인되었다고 해서 이 둘의 집합에서 어떻게 토네이도가 발생했는지 알 수 없다고 한다. 이와 유사하게 철 원자가 가위를 만들지만, 철 원자 안에 '자른다'는 속성이 있는 것도 아니다. 뇌가 정신의 활동을 만든다고 할 수 있으니 정신이 뇌의 구조에 그 존재를 기대고 있다고 할 수 있지만, 정신의 존재가 뇌 안에 있다고 단정하기 어렵다.

정신활동이 이루어지는 곳의 범위를 어디까지 확장할 수 있을까? 정신활동을 뇌에 한정할 수 있을까? 하지만 정신활동이 온전히 뇌의 기능이라고 하기는 어렵다. 내 몸의 활동이라고 범위를 확장하면 어떨까? 내 몸의 신경계, 면역계, 심지어 장 속에 있는 세균들까지도 내 뇌의 활동에 영향을 미친다. 이에 대해 제롬 케이건은 같은 책에서 세로토닌이라는 신경전달물질이 뇌의 활동에 주요한 물질 중 하나이지만, 우리 몸의 세로

토닌 중 95퍼세트는 위장관에서 분비된 것이고, 뇌에서 분비된 세로토닌은 5퍼센트에 불과하다고 한다.

여기까지만 해도 그럴 수 있을 것 같지만, 환경은 어떤가? 내가 생각하는 등 정신활동을 할 때 영향을 주고 있는 주위 환경은 어떤가? 온전히 내 정신활동이 내 뇌에 있다고 할 수 있을까? 어떤 작가는 특정 시간과 특정 장소에서 창작 활동이 불타오른다고 한다. 어떤 과학자는 특정 상황에서 창조적인 아이디어를 떠올린다. 반면에 어떤 사람들은 일의 능률을 올리기 위해 편안한 환경을 조성하려고 애를 쓴다. 우리가 뇌를 다 이해할 수 없지만, 뇌를 과학적으로 다 이해하게 된다고 해도 여전히 정신활동이나 영혼을 온전히 설명하지는 못할 것 같다. 건강한 신체에서 건강한 정신이 깃든다는 말이 그저 좋은 말 정도로 생각되지는 않는다.

이유야 어떻든 진료실 문을 열고 들어오는 환자 모두가 존엄한 인간이고, 내가 부검하는 시신 역시 모두 존엄한 인간의 시신이다. 학생 한 명 한 명이 모두 존엄한 인간이고, 남자와 여자, 어른과 아이도, 부자이거나 가난하거나, 권력이 있거나 없거나 모두가 존엄한 존재다. 우리 사회가 그에 합당하게 인간 개개인의 존엄성이 지켜지는 사회가 되기를 바랄 뿐이다.

지속적인 식물인간
상태

의식이 없다는 것은 어떤 의미일까? 깨어나지 못하고 눈을 감고 있으면 의식이 없는 것일까? 그렇다면 깨어나면 의식이 있다고 할 수 있을까? 조금 어려운 이야기 같기도 한데, 의식은 깨어서 자신과 주위 환경을 인식해 자극에 합당하게 반응하는 것을 말한다. 그리고 의식은 각성과 인식으로 구분해서 설명할 수 있다.

식물인간 상태나 지속적 식물인간 상태를 이해하려면 뇌사부터 알아야 하는데, 뇌사는 지속적 식물인간 상태와 구별되는 용어다. 뇌사는 임상적으로 뇌의 활동이 회복 불가능하게 비가역적으로 정지된 상태로, 일정 기준에 의해 진단되며, 뇌사자는 사망한 사람으로 인정된다. 장기 등 이식에 관한 법률 제4조 제5항에 따르면 '살아 있는 사람'이란 사람 중에서 뇌사자를 제외한 사람을 말하고, '뇌사자'란 이 법에 따른 뇌사판정 기준 및 뇌사 판정 절차에 따라 뇌 전체의 기능이 되살아날 수 없는 상태로 정지되었다고 판정된 사람을 말한다. 즉 뇌사자는 '살아 있는 사람'으로 인정되지 않기 때문에 뇌사자를 진단하려면 법에 따른 엄격한 요건들이 갖춰져야 한다. 그리고 뇌사자로 판정되면 살아 있는 사람으로 인정되지 않기 때문에 장기 이식을 위한 공여자가 될 수 있고 의사는 그로부터 장기를 적출할 수 있다.

이와 같은 뇌사를 진단하는 중요한 요건 중 하나는 뇌의 부분 중에서 대뇌와 척수 사이를 연결해주는 뇌의 깊숙한 부분인 뇌간 부위의 기능 유지 여부다. 뇌간에는 호흡중추와 같이 생명 유지에 필요한 기능의 중추가 존재하는데, 이 부위가 죽었다는 것을 확인하려면 여러 가지 뇌간 반사가 소실되었음이 확인되어야 한다. 흔히 영화나 드라마에서 의식이 없는 듯한 환자의 눈꺼풀을 들어 올린 후 빛을 비춰보는 모습을 볼 수 있는데, 이는 대광반사를 확인하고자 하는 것이다. 대광반사는 뇌간 반사 중 하나로 뇌간이 살아 있는지를 확인하는 검사 중 하나다. 밝은 빛이 있으면 우리의 눈은 동공을 축소시키고, 반대로 어두운 상태에서는 동공을 확장시켜 눈에 들어오는 빛의 양을 조절하는데, 이를 대광반사라고 한다. 이런 대광반사는 내 의지로는 조절할 수 없는 반사다.

뇌사와 달리 식물인간 상태는 뇌의 상당 부분이 손상되었어도 뇌간 부위가 살아 있는 상태를 말한다. 자발적으로 눈을 뜨고 호흡은 정상이며, 환자의 각성 상태는 정상이고 수면 각성 주기도 유지되지만, 의식의 내용이 없어 주위의 자극에 반응하지 못한다. 이런 상태가 1개월에서 3개월 정도 지속되는 경우에 의학적으로는 회복되기 어렵다고 생각하는데, 가끔 수년 이상의 식물인간 상태 후에 회복되는 경우가 보고되기도 한다. 이처럼 식물인간 상태가 지속되는 경우를 지속적 식물인간 상태라고 한다. 따라서 뇌사와 식물인간 상태는 다른 말이다.

육체와 정신이 같이 있어야 살아 있는 사람이라고 한다면, 살아 있는 사람으로 인정되지 못하는 뇌사 상태에서는 육체는 있으나 정신이 없으며, 뇌사자는 정신이 없어 살아 있는 사람으로 인정받지 못한다고 생각할 수 있다. 따라서 뇌사는 뇌가 죽은 것이므로 정신은 뇌의 작용이라고 할 수 있을 것이다.

좋은 죽음이란 무엇인가

삶이 묻고 죽음이 답하다

도대체 좋은 죽음이란
무엇일까

삶을 잘 사는 것만큼 죽음을 잘 준비하는 것도 중요하다. 삶과 죽음은 분리되는 것이 아니고, 살면서 쉽게 인지하지 못한다고 해서 죽음이 없는 일인 것도 아니다. 오히려 죽음은 늘 삶가까이에 있다. 내 눈을 감는다고 내 주변에 있는 세상이 없어지지 않는 것처럼 말이다.

타조 효과라는 말은 위험한 상황에서 머리를 모래에 처박는타조의 모습에서 유래되었다. 이는 위기가 닥쳐오는데 그 위험을 직시해 적절하게 대처하지 못하고 회피만 하는 모습을 부정적으로 말하는 것이다. 타조 효과처럼 나만 눈을 감을 뿐 죽음이 사라지는 것은 아니다. 참, 타조의 변명을 하자면, 타조가

정말 그렇게 위험한 상황에서 머리를 모래에 박고 현실을 회피하는 것은 아니라고 한다. 타조가 머리를 모래에 박고 있는 것은 자신의 머리를 식히고 체온을 조절하기 위해서이거나 모래 안에 낳은 알을 굴려주기 위해서라고 한다.

오히려 죽음은 늘 가까이 있어서 잊어버리고 살기 쉽고, 아무런 내색을 하지 않아 소름 끼치게 할 때도 있다. 구스타프 클림트가 그린 〈죽음과 삶〉처럼 죽음은 늘 우리 옆에서 웃는 얼굴을 하고 우리를 지켜보고 있을지 모른다. 이 그림 오른쪽에는 다양한 나이의 남성과 여성들이 그려져 있는데, 이 중에서 오직 한 여성만 죽음과 눈을 맞추고 있다. 다른 사람들은 눈을 감고 있거나 고개를 숙이고 죽음을 외면한 채 죽음을 바라보지 않고 있는데, 클림트는 우리가 우리 삶에서 대부분은 죽음을 외면하고 있다는 사실을 이렇게 표현한 것은 아닐까 생각된다.

어떤 죽음이 좋은 죽음일까? 삶을 잘 사는 것만큼이나 죽음을 잘 준비하는 것도 중요하다. 그래서 죽음 교육이 필요하다. 모든 삶에는 반드시 죽음이 있기에, 잘 살기 위해 우리가 수많은 교육을 받는 것처럼 죽음을 준비하는 교육이 있어야 한다. 그리고 그 교육은 내가 바라는 좋은 죽음을 생각하는 것에서 출발할 수 있다.

〈죽음과 삶〉(구스타프 클림트, 1915년)

그렇다면 어떤 죽음이 좋은 죽음일까? 좋은 죽음이 있기는 할까? 죽지 않고 영원히 사는 것이 좋은 것은 아닐까? 이런 질문부터 시작해야 적절할 것 같다. 하지만 인간을 정의하는 요소 중 하나가 유한성이라는 점에서 영원히 사는 것은 인간답지 못하다.

사람들은 왜 죽음을 부정적인 것으로 생각할까? 여러 가지 원인이 있겠지만, 대개 죽음과 동반되는 것들의 좋지 않은 이미지 때문은 아닐까 싶다. 죽음 이후 알 수 없는 내세에 대한 두려움이나 많은 문화에서 존재하는 죽음 이후의 심판에 대한 두려움 등이 그렇다. 이런 내용은 알기 어려운 것들이니 내려놓더라도 사람들은 대부분 질병이나 사고 이후의 후유증 등으로 인해 정신과 육체의 쇠퇴가 동반되며 죽음에 이르기 때문에 그런 연약한 정신과 육체의 모습이 죽음을 부정적으로 보는 이유가 아닐까 싶다. 즉 죽음 자체는 부정적인 것이 아니며 오히려 자연스러운 현상이지만, 그와 동반되는 여러 모습이 부정적이기에 죽음 자체를 부정적으로 여기는 것이라고 생각된다.

그래서 나는 죽음에서 죽음과 동반되는 다른 문제들을 분리할 때 좋은 죽음을 맞이할 수 있다고 생각한다. 죽음 그 자체와 죽음과 동반되는 좋지 않은 문제들을 분리할 때 우리는 타조 효과처럼 머리를 땅에 박지 않을 수 있다. 한편으로는 불합리하고 불편한 것으로 생각되는 죽음에 대한 두려움을 뒤로하고 죽음을 바라볼 때 비로소 좋은 죽음을 준비할 수 있다. 〈죽음과 삶〉 속에서 죽음과 눈을 마주보고 있는 한 여성처럼.

타인에 의한 나의 죽음
나에 의한 나의 죽음

그러면 좋은 죽음이란 무엇일까? 이 질문에 대한 대답은 사람마다 다를 수 있다. 답이 선명하게 떠오르지 않을 때는 그 반대를 생각하면 답의 힌트를 찾을 수 있을 때가 많다. 좋은 죽음에 대한 답이 떠오르지 않는다면, 나쁜 죽음이 무엇일까 생각해보면 좋은 죽음의 답이 나오지 않을까.

내가 법의학자이기 때문에 드는 생각일 수도 있겠지만, 나는 나쁜 죽음을 대표하는 것은 타인에 의한 나의 죽음이라고 생각한다. 법의학자로서 타인에 의한 죽음을 많이 보았고 늘 보고 있다. 타인에 의한 죽음은 그 죽음과 관련된, 그리고 그의 죽음과 직접적으로 관련되지 않은 모든 사람에게도 좋지 않은 일이다. 심지어 부검하는 내게도 그렇다.

망자는 자기 생명에 대한 권리는 물론 삶 자체를 빼앗겼다. 이것보다 더 큰 손실은 없을 것이다. 가족 등 주위 사람들은 나와 그 사람의 의지와 상관없이 소중한 존재 자체의 상실과 함께 그와의 관계 단절을 경험해야 한다. 많은 이들에게 수사나 부검과 같이 죽음과 관련해 즐겁지 않지만 해야 할 일이 건네지고, 그 일을 하는 과정에서 여러 사람이 상처를 받기도 한다. 더 많은 이들은 타인에 의한 타인의 죽음에 충격을 받기도 하고 안타까운 감정을 느껴야 한다.

자연의 단계까지 그 의미를 확장해보면, 한 사람이 태어나고 자라고 사는 동안 많은 에너지가 사용되었으며 자연은 많은 자원을 제공했다. 그런데 한 사람이 죽으면 더 좋은 무언가를 기대할 수 없게 되고 에너지와 자원들은 다시 무질서 속으로 돌아가게 된다.

그렇다면 타인에 의한 죽음의 반대가 좋은 죽음일까? 타인에 의한 죽음의 반대라면 나에 의한 나의 죽음을 생각할 수 있다. 자살이 좋은 죽음일까? 그럴 수 없다고 생각하는 것이 일반적이다. 물론 타인에 의한 나의 죽음보다는 나에 의한 나의 죽음이 좋은 죽음일 수 있다고 생각한다. 어떤 부분에서는 나에 의한 나의 죽음이 좋은 죽음의 측면이 있다는 점 역시 부인하기 어렵다.

그런데 왜 자살이 좋은 죽음이 아닐까? 내 생명은 나의 것이고, 내 의지에 따라 내 생명을 끝내는 것인데 왜 좋은 죽음이 아닐까? 쓸 만한 내 물건을 버린다고 처벌받지는 않는다. 물론 처벌받지 않는 행위가 좋은 행위라고 할 수는 없다. 처벌받지 않는다는 것이지, 그 때문에 그 행동이 권장할 만한 것이라고 할 수는 없다. 사실 쓸 만한 내 물건이라면 버리기보다 기부하는 편이 더 좋지 않을까. 자살도 그런 것일까? 대한민국의 형법상 자살의 죄는 없다. 소유권에는 처분권이 포함되며 자살을 처벌할 수는 없다. 그렇다면 자살은 좋은 죽음인가? 그렇게 생각하기는 어렵다. 자살을 처벌하기는 어렵지만, 그렇다고 해서 자살을 좋은 죽음이라고 하기는 어렵다.

인간다움의 중요한 요건으로 유한함을 언급하는데, 나는 다른 요건으로 관계성을 꼽고 싶다. 인간을 인간답게 하는 것은 관계다. 너무 많이 쓰여 흔한 말이 되었지만, 인간은 사회적 동물이다. 인간은 관계 속에서 태어나고, 관계 속에서 자라며, 관계 속에서 살아간다. 어느 누구도 부모와의 관계성 없이 태어나지 않는다. 필연적으로 인간은 관계를 맺으며 태어난다. 그리고 다른 사람과의 관계 속에서 적극적으로 그리고 소극적으로 타인에게 영향을 미치고, 자신 역시 타인으로부터 받는 영향으로 만들어져 간다. 인간은 사람으로서 살아간다. 그래서 자살은 좋은 죽음이라고 말하기 어렵다. 나는 혼자 존재하는 것이 아니며 그럴 수도 없기 때문이다.

필연적으로 나는 타인과 관계되어 있다. 크든 작든, 많든 적든, 깊든 얕든 말이다. 따라서 내 생명은 나의 것이라고 할 수 있지만, 그렇다고 나에 의한 나의 죽음을 좋은 죽음이라고 인정하기는 어렵다. 내가 죽음을 향해 찾아갈 필요는 없다. 때가 되면 죽음이 나를 찾아올 것이니. 다만 우리가 해야 할 것은 고립되어 죽음을 생각하는 그들의 관계성을 회복시키는 것이다.

자살은 타인과의 관계 문제뿐만 아니라 당연하게도 나 자신과 관계된 문제도 존재한다. 과거에 자살자들의 유서 150건을 분석해 연구한 바 있다. 짧게는 한 문장으로 작성된 것도 있었고, A4 용지 14장에 이르는 유서도 있었다. 이들 유서 내용을 분석한 결과 자살은 여러 가지 원인에 의해 여러 가지 과정을 거쳐 일어나는 것임을 알 수 있었다. 경제적 문제 등 삶의 의지를 상실하게 하는 요인에서부터 자살 사고(思考)가 발생한 후 자신이 놓인 현재 상태에 대한 부정적인 평가, 도움받을 수 없는 환경 속에 있다는 확신 이후 자살을 해결책으로 삼는 단계를 거치며, 결국은 자살의 구체적인 방법을 선택하고 직접적으로 자살을 준비하는 등의 과정을 지나 자살이 일어나는 것이었다. 여기에는 많은 부정적인 이야기가 있었고, 남은 사람들에 대한 충고, 부탁 또는 원망이 녹아 있었다. 하지만 사망 전 작성된 유서들에서 확인되는 자살의 과정들을 관통하는 한 가지 감정이 있었는데, 그것은 후회의 심정이었다. 자살이 타인에게뿐만 아니라 자신에게도 불행한 일이라는 점은 틀림없는 사실이다.

죽음을 잘 준비하기 그리고
Memento mori

좋은 죽음의 조건은 사람마다 다를 수 있겠지만, 한 가지 공통되는 요건이 있을 수 있다. 그것은 '준비' 다. 내가 생각하는 좋은 죽음의 요건은 '준비' 다. 잘 준비된 죽음이 좋은 죽음이 될 수 있다고 생각한다. 좋은 죽음을 위해서는 죽음 공포증을 극복하고 죽음을 직시해 죽음을 준비해야 한다. 그리고 죽음 공포증을 극복하려면 죽음 자체를 바라보아야 한다. 이것과 일맥상통하는 유명한 라틴어 문구가 있다.

"Memento mori."

'memento' 는 '(네가) 기억하게 하라' 라는 뜻의 라틴어 동사다. 기본형은 'memini' 인데, 라틴어 단어들은 인칭이나, 단수

또는 복수 등에 따라 그 단어의 철자가 달라진다. 'memento'
는 'memini'의 2인칭 단수 명령형으로 '(네가) 기억하게 하
라'라는 뜻이다. 'mori'는 '죽다'라는 뜻의 동사 'morior'의
부정사형이다. 따라서 "memento mori."는 "죽는다는 것을 너
는 기억하라"는 뜻이다. 로마 시대에 개선하는 장군은 말(에쿠
스)을 타고 앞서서 행진한다. 그러면 주위에 서서 개선장군을
환영하는 로마 시민들은 "Memento mori."를 외쳤다고 한다.
지금은 당신이 전쟁에서 승리하고 당당히 에쿠스를 타고 승전
을 기념하는 행진을 하고 있지만, 당신도 얼마든지 전쟁 중에
죽을 수 있다는 것을 기억하라는 뜻이다.

　갑작스러운 죽음을 좋은 죽음이라고 이야기하기는 어렵다고
생각한다. 누구도 자신이 그렇게 죽기를 바라지는 않을 것 같
다. 그렇다면 죽음을 직시하며 내가 선택하고 준비한 죽음의
방식으로 죽는 것이 좋은 죽음의 중요한 요건이 될 수 있겠다
고 생각한다. 죽음에 있어서도 앞에서 이야기했던 '자기결정
권'이 요구된다. 그러나 여전히 우리 주위에는 갑작스러운 죽
음이 존재한다. 사고에 의한 사망이 아니더라도, 노인층에서의
죽음이 아니더라도 말이다. 젊은 성인 남성이라도 수면 중에
급격히 그리고 예측할 수 없이 사망에 이르기도 한다.

나의 죽음은 어떻게 준비할 수 있을까? 유서를 미리 작성해 두는 것이 도움이 될 수 있겠다. 내 장례식이 어떻게 되기를 바란다는 내용을 정리해놓는 것도 좋을 것 같다. 죽음 이후 내 시신이 어떻게 처리되기를 바라는 것도 필요하다. 화장(火葬)해서 그물이 가둘 수 없는 바람 속에 뿌려지든지, 땅으로 돌아가 다른 생명에 도움이 되든지, 쉬지 않는 바닷물과 하나가 되든지 말이다. 장기 기증을 하는 것은 다른 생명을 살리는 일이 될 것이고, 나의 죽음 이후에 남겨질 사람들에게 하고 싶은 말을 글로 남기는 것도 남겨진 이들을 위해 좋을 것 같다. 그리고 나의 제삿날이 되면 어떻게 하라는 조언도 할 수 있다. 나에게 죽음이 가까워졌을 때 무엇보다 실제적인 문제라고 할 수 있는 연명의료를 받을지 말지를 결정하는 일도 중요하다.

청장년급사증후군에
대하여

10대에서 40세 정도까지의 남성이 주로 잠을 자던 중 예측할수 없이 급사하곤 하는데, 이를 청장년급사증후군이라고 부른다. 최근에는 사망의 원인 기전이 조금씩 밝혀지는 등의 여러 가지 이유 때문에 이러한 증후군의 진단명을 사용하지 말자는 의견이 있지만, 이 글에서는 쉬운 설명을 위해 그대로 사용하고자 한다.

급사는 증상 발현에서 사망까지 기간이 매우 짧다는 의미이고, 청장년급사증후군과 같은 급사의 특징 중 하나는 예측할수 없다는 점이다. 이런 사망은 별다른 전조 증상 없이 수면 중사망해 다음 날 아침에 사망한 채 발견되었다는 식의 죽음이다. 일부에서는 수면 중 소리를 지르는 모습을 보이기도 하는데, 이런 사망의 특성들 때문에 수면 중 돌연사 증후군이라고 부르기도 한다.

청장년급사증후군은 동양인에게 특히 많고, 내 경험으로는 동남아시아의 외국인 노동자들에게서 주로 보았다. 모든 사망이 안타까울 수 있지만, 특별히 망인의 나이가 젊거나 어린 경우에 더욱 마음이 쓰이는 것은 어쩔 수 없다. 청장년급사증후군에 의한 사망 역시 40세 미만이기 때문에 안타까운 경우가 많다. 특별히 외국인 노동자는 많은 경우 가족 부양 등의 이유로 먼 타국까지 와서, 그다지 좋지 않은 생활환경 속에서, 대개는 육체적인 노동을 하며 어렵게 지내던 중에 예측할 수 없이 죽음과 마주하게 되었다는 점을 생각하면 더욱 안타깝다는 생각이 든다.

청장년급사증후군의 추정되는 사망의 기전으로는 중추성 호흡 정지라는 의견이 있고, 치명적인 부정맥에 의한 심장성 사망이라는 견해도 있다. 특히 최근에는 DNA의 각종 돌연변이에 의해 심장에 특정 부정맥이 발생하고 이런 부정맥에 의해 사망한다는 사실이 밝혀지고 있다.

내가 듣는 몇 가지 오해가 있는데, 그중 하나가 시신을 해부하기만 하면 자동으로 사인이 밝혀지거나 망자의 모든 것을 알수 있으리라는 것이다. 그러나 그것은 사실이 아니다. 부검으로 사망을 조사하는 것은 복잡한 과정이고, 그 과정 중에 확인되는 소견들을 종합해야 사인이나 사망의 종류와 같은 판단을할 수 있다. 부검 과정에서는 시신을 해부하는 것뿐만 아니라망자의 과거 병력, 사망 당시 상황과 망자의 건강 상태, 사망후 발견 당시의 주위 환경, 시신의 위치와 자세 등 변사 사건에대한 전반적인 기록의 검토가 필요하다.

부검은 시신을 해부하는 것 이상으로 다양한 시점에서 사망을 조사하는 것이다. 외국인 노동자를 부검할 때는 그들의 노동환경, 주거환경 등을 먼저 돌아봐야 한다. 그렇게 그들의 죽음을 돌아볼 때, 청장년급사증후군에 의한 젊은 그들의 사망은더욱 안타깝게 느껴진다.

프랑스혁명에 이은 '인간과 시민의 권리선언'은 이후 민주주의 국가들의 헌법에 많은 영향을 주었고, 우리나라 헌법에도인간과 시민의 권리를 보장하는 조항이 있다. 다만 우리나라헌법 제10조에서는 "모든 국민은 인간으로서의 존엄과 가치를가지며, 행복을 추구할 권리를 갖는다. 국가는 개인이 가지는불가침의 기본적 인권을 확인하고 이를 보장할 의무를 진다."

라고 하고 있다. '모든 인간'이 아니라 '모든 국민'이 이런 권리를 가진다고 선언한다. 인간과 국민은 다르다. 우리나라 헌법에 의해 이런 권리를 보장받으려면 인간 중에서 국민에 해당하는 인간이어야 한다. 헌법 제2조에서 국민이 되는 요건을 법률로 정하도록 하고 있고, 이는 국적법을 통해 규정하고 있다.

- 대한민국의 국민이 되는 요건은 법률로 정한다.
- 국가는 법률이 정하는 바에 의하여 재외국민을 보호할 의무를 진다.

국적법에서는 출생에 의해 대한민국의 국민이 되는 자를 포함해 대한민국 국민인지 몰랐다가 성년이 되기 전에 부 또는 모가 대한민국의 국민임을 알게 되어 국적을 취득하게 되는 경우(인지에 의한 국적 취득), 귀화에 의한 국적 취득 등에 대해 정하고 있다.

우리나라 헌법에서는 대한민국 국민의 기본권을 정하고 있는데, 행복추구권 외에 모든 국민은 법 앞에 평등하고(제11조), 모든 국민은 신체의 자유를 가지며(제12조), 모든 국민은 법률에 의하지 않은 행위로 처벌을 받지 않고(제13조), 모든 국민은 거주·이전의 자유를 가지며(제14조), 모든 국민은 직업선택의 자유를 가진다(제15조). 그 밖에 모든 국민은 사생활 보호의 권리, 통신 비밀의 권리, 양심의 자유, 언론·출판의 자유와 집회·결사의 자유, 학문과 예술의 자유, 재산권, 재판을 받을 권리 등을 갖는다. 모든 국민은 인간다운 생활을 할 권리를 가지고 건강하고 쾌적한 환경에서 생활할 권리를 가지며, 국민의 자유와 권리는 헌법에 열거되지 않다는 이유로 경시되지 않는다.

　다만 국민의 자유와 권리는 국가 안전 보장과 질서유지 또는 공공복리를 위해 필요한 때만 법률로써 제한할 수 있으며, 제한하더라도 자유와 권리의 본질적인 내용을 침해할 수는 없다. 이들 자유와 권리의 주체는 헌법상 국민이다. 하지만 모든 기본권의 주체가 국민이어야 하는지는 이견이 있을 수 있다. 이런 권리 중에서 선거권이나 공무담임권에 대해서는 그 주체를 국민으로 제한할 필요가 있겠지만, 그 주체를 모든 인간으로 확장하는 것이 더 적절한 기본권도 있을 것이다. 예를 들면 생명권, 양심의 자유, 거주·이전의 자유, 인간다운 생활을 할 권리 등이 그렇다.

　한편 외국인 근로자는 '외국인 근로자의 고용 등에 관한 법률'에 따라 직업 선택의 자유가 제한된다. 외국인 근로자는 입국 당시에 근로 계약을 체결한 사업장에서 근로를 지속하는 것이 원칙이고, 사업장 변경은 최초 3년의 취업 기간 중 3회를 초과할 수 없다.

이에 대해 2021년 12월 헌법재판소는 외국인 근로자가 자유롭게 사업장 변경을 신청할 수 있도록 한다면 사용자는 인력의 안정적 확보와 원활한 사업장 운영에 큰 어려움을 겪을 수밖에 없다며 이 조항을 합헌으로 판단했고, 불법 체류자가 급격히 늘어나는 상황에서 외국인 근로자의 효율적인 관리 차원에서도 사업장의 잦은 변경을 억제할 필요가 있다면서 외국인 근로자에게 자유로운 사업장 변경 신청권을 부여하지 않는 것은 불가피한 측면이 있다고 판단했다. 그러나 기본권의 제한은 최소한으로 이루어져야 하고, 기본권의 제한으로 인해 발생하는 피해 역시 최소한이 되어야 한다. 출산율이 급감하는 지금, 우리 사회에서 우리 이웃의 권리를 보장하는 것은 우리 자신과 우리의 미래를 위해서도 바람직할 수 있다고 생각한다.

그 앞에서 우리가
할 수 있는 것

모리와 함께한 화요일

내가 할 수 없는
것

《모리와 함께한 화요일》에서 모리 교수는 루게릭병으로 시한부 판정을 받은 상태이고, 그의 제자였던 앨봄 미치는 TV를 통해 옛 스승이던 그를 보게 된다. 모리 교수가 시한부 상태라는 소식을 들은 미치는 교수를 16년 만에 다시 만나고, 그로부터 삶과 죽음에 관한 이야기를 듣는다.

사람은 어떤 상태에 놓일 때 공포를 느낄까? 좋지 않은 일이 일어날 때 공포를 느낄 것 같지만, 막상 좋지 않은 일이 닥쳤을 때는 오히려 공포감을 느끼지 않는다. 이미 벌어진 일이기 때문이다. 한 줄로 엎드린 상태에서 엉덩이를 맞는 모습을 상상해보자. 정작 내가 맞을 때보다 앞사람이 맞을 때 공포가 밀려

온다. 내 순서가 점점 더 다가올 때 공포감은 더욱 커진다. 내가 맞을 때보다 내 순서 앞에서 남이 맞을 때 더 무섭다.

　왜 내 앞에서 남이 맞는 모습을 볼 때 더 무서울까? 나는 심리학을 전공하지는 않았지만, 공포감은 무력감과 관계있다고 생각한다. 내 앞 순서에서 맞고 있는데 곧 수업을 마치는 종이 칠 시간이라고 가정해보자. 내 앞에 열 명 정도가 있고 이제 첫 번째 학생이 맞기 시작했는데, 수업 시간은 1분밖에 남지 않았다. 게다가 선생님은 이 수업을 마친 뒤로 다른 학교로 발령을 받은 상태다. 그러면 무서울까? 공포감이 밀려올까? 그렇지 않을 것이다. 앞으로 내게 불길한 일이 다가올 것을 알지만 내가 아무것도 할 수 없을 때 공포감이 크다. 공포감은 무력감과 떼려야 뗄 수 없다.

　국립과학수사연구원에 근무하고 있을 때 나는 광주과학수사연구소에서 근무했다. 현대인의 자기중심적 공공성 결핍 증상을 나타내는 님비현상 때문인지, 아니면 알지 못하는 다른 이유 때문인지 내가 근무할 당시 광주과학수사연구소는 매우 외진 곳에 있었다. 앞에는 시내가 흐르고, 소를 키우는 사육장이 있으며, 뒤에는 축령산이 있는 장성의 어느 외진 곳이었다. 내가 국과수에 근무할 당시에는 국과수 건물이 왜 혐오시설로 여겨지는지 궁금했고 이해되지 않았다. 지금은 그렇지 않다고 하지만, 여전히 국과수 부지의 담장을 높게 쳐달라는 민원이 있다는 말을 들어보면 크게 바뀌지 않은 것 같다.

국과수는 감정하는 기관이기 때문에 다른 연구기관과 크게 다르지 않다. 오히려 나는 국과수 기관이 내 집 근처에 있다면 멋지지 않을까 생각한다. 유전자 검사, 약물이나 독물 분석, 교통사고 분석 등을 다루는 곳은 다른 연구 기관과 다를 리 없는데, 부검 때문에 국과수를 혐오시설로 생각하는 걸까? 이런 이유를 들어 이해해보려고 하지만 내가 법의학자라서 그런지 여전히 이해되지 않았다.

한 가지 오해가 있는데, 사람들이 국과수에서 부검이 이루어지기 때문에 시신이 계속 국과수 건물에 있다고 생각하는 것 같다. 하지만 그렇지 않다. 부검은 국과수에서 진행하지만, 시신은 부검하는 당일 오전에 국과수에 와서 부검을 마친 후에는 국과수를 떠난다. 시신이 국과수에 머무르는 시간은 길어야 반나절 정도다. 오히려 시신이 오래 머물러 있는 곳은 병원의 영안실이나 장례식장이다. 그곳에서는 수일 이상 머물러 있다.

만약 억울한 사연이 있어서 사망한 망자의 귀신이 있다면 국과수에서는 길어야 반나절 정도일 테고 병원이나 장례식장에서는 수일 동안 머물 것이다. 국과수에서는 잘 봐 달라고 부탁할 테고, 병원이나 장례식장에서는 사람들 사이를 돌아다니며 나를 억울하게 만든 사람이 혹시 있는지 찾아다니지 않을까. 그런데 병원이나 장례식장은 도심지 안에 들어와 있는 데 비해 국과수 건물이 시내 중심에 있는 경우는 매우 드물다. 국과수 건물이 시내 근처에 있다면, 국과수 건물이 먼저 들어왔고 뒤에 다른 건물들이 들어선 것이라고 보면 들어맞는다.

이런 생각을 할수록 억울한 생각이 들지만, 터부시하는 마음은 여전히 국과수 건물 밖에 퍼져 있다.

공포감은 무력감과 관계있는데, 내가 장성으로 출근할 때 눈길에 미끄러지는 교통사고가 있었다. 워낙 외진 곳이어서 도로에 눈이 잘 치워지지 않았고, 편도 1차선의 좁은 도로였으며, 사고가 난 길은 낮은 언덕을 넘어 S자로 구부러지는 내리막길 형태였다. 그 길은 위험하기로 유명해서 나 말고도 선배 법의관도 그 길에서 눈길에 미끄러지는 사고를 당했다는 말을 들었고, 나와 같이 근무하던 후배 법의관도 나중에 이 길에서 차가 심하게 미끄러졌다.

그날도 눈이 많이 오는 날이었고, 나는 오전에 부검을 해야 했기 때문에 도로에 눈이 치워지기 전인 이른 시각에 출근할 수밖에 없었다. 다행히 사고는 크지 않았고, 단독 사고로 내 차량만 미끄러져 반대편 가드레일을 긁으며 감속된 후 반대편 논두렁으로 들어가서야 차가 멈췄다. 내 느낌상 기억에 의하면 10여 초 정도 눈길에 미끄러지며 구부러진 길을 내려왔던 것 같은데, 그 짧은 시간의 공포감이 대단했다.

내 차가 중앙선을 넘어 반대편 가드레일을 향해 가고 있고, 그 모습을 앞 유리창을 통해 뻔히 보고 있으면서도 나는 아무것도 할 수가 없었다. 핸들을 돌려봤지만 차는 핸들의 방향과 상관없이 미끄러지고 있었고 브레이크는 이미 내 말을 듣지 않았다. 위험하고 좋지 않은 일이 벌어질 것을 알고 있으면서 내가 내 몸을 조절할 수 없을 때의 무력감과 공포감은 달리 표현할 방법이 없었다. 기억력이 좋지 않은 편이지만 그 일만은 지금도 잊히지 않는다.

모리 교수 역시 루게릭병으로 자기 몸을 자신이 조절할 수 없는 상태였다. 루게릭병은 근위축성 측색 경화증의 다른 말로, 운동신경세포만 선택적으로 죽는 질환이다. 이 병은 대뇌에서 척수로 팔과 다리를 움직이라는 신호를 내려 보내는 위운동신경세포와 이 신호를 척수에서 받아 팔다리로 직접 신호를 보내는 아래운동신경세포 모두가 점차적으로 파괴되는 질환이다.

운동신경세포만 죽기 때문에 임상 증상은 주로 움직이지 못하는 것으로 나타나는데, 처음에는 서서히 진행되는 팔, 다리의 위약 및 위축으로 시작하고, 병이 진행되면서 이 병은 횡경막과 같은 호흡 근육도 침범하면서 숨을 쉴 수 없게 만들어 환자를 사망에 이르게 하는 치명적인 질병이다.

인지 기능은 가능한데 움직일 수 없는 무력감에 의한 공포는 적지 않을 것이다. 인지 기능이 없다면 공포감도 덜할 것 같은데, 인지 기능은 괜찮은 상태에서 내 몸을 조절할 수 없는 상태가 되어갈 때의 공포는 상상하기 어렵다. 이에 대해 모리 교수는 몸이 천천히 굳어가는 것을 보고 슬픔을 느끼지만, 그다음에는 슬퍼하는 것을 멈춘다고 말한다.

"필요하면 한바탕 시원하게 울기도 해. 하지만 그런 다음에는 내 인생에서 여전히 좋은 것들에만 온 정신을 집중하네."

모리 교수는 자신이 할 수 없는 것에 묻혀 비관하기보다 자신에게 남겨진 것, 자신이 할 수 있는 것에 집중한다고 말했다. 우리의 삶과 죽음도 그렇다. 피할 수 없는 죽음 앞에 무력할 수밖에 없지만, 삶과 죽음을 이분법으로 바라보는 시선에서 벗어나 삶과 죽음을 일련의 과정으로 바라보는 시각이 필요하다. 죽음을 앞둔 삶에서 우리는 지금 할 수 있는 것을 해야 한다.

내가 할 수 있는
것

그렇다면 죽음 앞에서 무엇을 할 수 있을까? 이에 대한 강의 중 한 학생이 영화 〈소울〉의 대사를 인용하며, 작은 일들에만 집착하면 큰 우주를 바라보지 못한다고 말했다.

"저는 바다라고 부르는 것을 찾으려고 노력하고 있어요."

어린 물고기가 나이 많은 물고기에게 다가가서 말했다.

"바다? 그건 바로 네가 있는 곳이야!"

나이 많은 물고기가 말했다.

어린 물고기가 말했다.

"이거요? 이건 물인데요?"

우리가 보기에 물고기는 바다 안에서 산다. 그러면 바닷속에 사는 물고기는 스스로 바다에 갇혀 살고 있다고 생각할까? 우리는 죽음이라는 알려져 있고 정해져 있는 끝을 향해 살고 있다. 그러면 우리는 죽음이라는 한계 안에 갇혀 살고 있는 걸까? 생각은 멀리, 하지만 지금은 가까이 있는 삶을 사는 것이 옳지 않을까.

한편으로 어린 물고기처럼 바다 안에 살고 있다는 것을 모르고 사는 것도 어리석고, 바다에 갇혀 살고 있다고 생각하는 것도 어리석다. 바다 안에서 자유롭게 살아가는 물고기를 보면서 바다 안에 갇혀 살고 있다고 생각하는 것은 옳지 않다. 끝이 있다는 것을 받아들이고 자기 앞의 생을 적극적이고 자유롭게 사는 것이 좋지 않을까. 바다 안에 내가 살고 있다는 것을 알고, 내 주위에 있는 물을 마음껏 헤엄치며 사는 것 말이다. 그렇게 하루하루를 살다 보면 먼 훗날 있을 죽음은 내 삶의 끝이 아니라 내 삶에 이어진 마지막 완성이 될 것이다.

삶의 반대는 죽음일까? 삶의 반대는 죽음이 아니다. 오히려 죽음은 삶과 이어지는 한순간이다. 특별히 죽음은 내 삶에서 마지막 결론의 순간이다. 글을 쓸 때도, 논문을 쓸 때도 결론이 가장 중요한 것 아닌가. 죽음은 내 삶의 가장 중요한 부분일지 모른다. 굳이 죽음의 반대를 찾자면 태어남이 아닐까. 삶이 어렵고 힘들면 삶에서 해결 방법을 찾아야 한다. 삶이 어렵고 힘들다고 해도 죽음이 그 해결 방법이 될 수는 없다. 그런 상황에서 죽음은 도피일 뿐이다. 삶의 반대는 죽음이 아니다.

우리는 자신의 탄생을 선택하지 않았다. 우리는 다만 낳아진 존재다. 이것은 내가 선택한 것이 아니고, 따라서 내가 어떻게 할 수도 없다. 다만 좋은 환경에서 태어났다면 감사할 일이다. 만약 나쁜 환경에서 태어났다면 더 나쁜 상황에서 태어나지 않은 것을 감사할 일이다. 내가 할 수 없는 것으로 고민하고 좌절하는 것은 현명하지 않다. 나의 존재의 의의는 지금 이 순간에 있다. 그리고 모든 순간이 존재의 의의다.

해방 노예 출신이자 고대 그리스와 로마 시대 스토아학파를 대표하는 철학자 에픽테토스는 이렇게 말했다.

"세상에는 우리에게 달려 있는 것과 우리에게 달려 있지 않은 것 두 가지가 있다. 판단, 의욕, 욕망, 혐오처럼 무릇 우리(마음)의 움직임에 의한 것은 우리에게 달려 있는 것에 속하지만, 육체나 재산, 타인으로부터의 평판, 지위 등 우리의 움직임에 의하지 않은 것은 우리에게 달려 있는 것이 아니다. 우리에게 달려 있는 것은 원래 자유롭고 방해받지 않으며, 타인에게 간섭받지 않는다. 하지만 우리에게 달려 있지 않은 것은 취약

하고 예속적이며 방해받고, 자신의 것이 아니다."

지위나 명예, 재산 등은 흔히 우리가 욕망을 품는 대상인데, 이것들은 우리의 의지만으로 통제할 수 없는, 즉 '우리에게 달려 있지 않은 것'들이다. 이런 것은 진정한 나의 것이 될 수 없다. 노력해서 내 것으로 만들 수 있다고 생각할 수 있지만, 이런 것은 내 노력과 상관없이 내 것이 되기도 하고, 다른 누군가의 의지나 노력으로 내 것이 아닌 것이 되기도 한다.

건강과 생명도 그렇다. 어떤 사람은 건강을 위해 날마다 좋은 것을 먹고 꾸준히 운동하는데도 어느 날 암이 발생한다. 어떤 사람은 날마다 술과 담배 등 건강에 좋지 않은 것을 찾아서 하지만 천수를 누리기도 한다. 나는 잘못이 없는데 상대방 운전자의 잘못으로 내 생명이 사라지기도 한다. 흔히 온전한 내 것으로 생각하는 내 건강이나 생명도 온전히 내게 달려 있는 것이 아니다. 따라서 이런 것을 삶의 목적으로 하거나 행복의 가치로 둔다면 언제나 불만족스러울 수밖에 없다.

타인의 평판도 마찬가지다. 요즘처럼 SNS가 발달한 시대에 타인의 평판은 연예인이 아니어도 중요하게 여겨진다. 멋진 곳에 갔으면 사진을 찍어서 SNS에 올려야 하고, 좋은 음식을 먹을 때에도 마찬가지이다. 하지만, 평판은 나에게 속한 것이 아니다. 그것은 온전히 남에게 속한 것이고, 남의 생각을 내가 조절할 수 없다. 내가 조절할 수 있는 것은 내 생각뿐이다.

저출산의 원인을 SNS에서 찾는 글을 본 적이 있다. 도대체 저출산과 SNS가 무슨 상관이 있느냐고 물을 수 있다. 이 둘의 관계를 이해하려면 우선 인간은 비교하는 존재라는 사실이 전제되어야 한다. 사실 우리는 늘 비교한다. 인간만큼 비교를 잘 하는 동물은 없다. 동물학자 중에는 인간이 다른 유인원과 달리 이렇게 발달할 수 있었던 것은 인간에게는 자신과 다른 개체를 비교할 수 있는 탁월한 능력이 있었기 때문이라고 말하기도 한다. 인간은 적과 나를 비교할 수 있었기에 불리한 상황에서는 그 적에게 항복하거나 다른 개체와 협동해서 적을 공격할 수 있었고, 유리한 상황에서는 적을 즉각 공격해 지배할 수 있었다는 것이다. 이처럼 다른 개체와 비교하는 능력이 탁월했기 때문에 서로 돕는 능력을 기를 수 있었고, 한편으로는 계층을 만들어 씨족사회를 벗어나 더 큰 사회를 만들 수 있었다는 것이다. 기본적으로 인간은 비교하는 동물이다.

그 비교를 더욱 손쉽게 잘 할 수 있게 만들어 준 것이 SNS 다. 멀리 있는 스타와 나를 비교하는 것이 아니다. SNS에 들어가면 나와 가깝거나 관계된 사람들의 모습과 상황을 언제나 빠르게 볼 수 있고, 나와 비교할 수 있다. 그런데 누구나 자신의 멋진 모습은 SNS에 올리지만, 나의 누추함, 나의 궁핍함, 나의 비참함을 SNS에 올리지는 않는다. 그렇다 보니 SNS 속의 남들은 모두 여유가 있고 멋있다. 그래서 자연스럽게 나의 부족함을 돌아보게 되고 자족(自足)이라는 단어를 망각하게 된다. 그런 상황에서 부양해야 할 입을 하나 늘리는 것은 더욱 어려운 일이 된다.

최근에는 일상생활뿐만 아니라 죽는 순간까지 SNS에 올리고 실시간으로 방송한다. 평소 직장과 군대 문제로 스트레스를 받았다는 20대 남성이 새벽 시간에 모텔에서 평소 먹던 약들을 모아 책상 위에 쏟아놓고 SNS에 자살 방송을 했다. 다행히 즉각 신고되었고, 경찰이 모텔에 찾아가 자살 방송은 중단되었다. 경찰은 어머니에게 연락했고, 경찰은 그를 어머니에게 인도했다. 그와 어머니는 집으로 돌아갔고, 아직 새벽 시간이었기에 아들과 어머니는 각자 자기 방에서 남은 잠을 잤다. 그런데 다음 날 아침, 평소처럼 아들을 깨우러 아들 방에 간 어머니는 침대 위에 죽어 있는 아들을 발견했다.

부검이 시행되었고, 그의 위 내용물과 혈액에서 항불안제와 항전간제, 주의력결핍 과잉행동장애(ADHD) 치료제 등이 검출되었다. 특히 항불안제는 혈액에서 치료 농도 이상의 농도였다. 언제 복용했는지 확정하기는 어렵지만, 집에 돌아와 잠자기 전에 이미 약물을 복용한 상태였을 것으로 생각되었다.

더 안타까웠던 점은 경찰이 그를 어머니에게 인계하는 데 멈추지 않고 음독했을지 모르니 그를 병원으로 옮겨 관찰했더라면 이 사건이 이렇게 끝나지는 않았을 것이다. 우리는 흔히 농약이나 약물을 과다 복용하면 바로 사망할 것으로 생각하지만 실제로는 그렇지 않다. 복용한 후에 얼마간 무증상일 수 있다. 위와 창자에서 복용한 약물이나 독물이 흡수되고 혈액 중 충분한 농도에 도달하기까지 시간이 필요하기 때문이다.

이 사건은 죽는 순간까지도 남의 시선을 의식하는 SNS 시대의 모습을 그대로 보여준다. 하지만 나의 삶을 남의 시선에 의탁하고 그것에서 행복을 찾는다면 그 행복은 늘 위태로울 수밖에 없다. 남에 의한 나의 평판은 오롯이 나에게 달린 것이 아니기 때문이다. 질병도 그렇다. 육체의 질병이 제약할 수 있는 것은 나의 육체뿐이다. 육체의 질병이 제약할 수 없는 것은 내 '마음의 자유'다.

에픽테토스는 다리가 불편했다. 류머티즘 때문이었던 것으로 추정하는데, 그는 자신을 말할 때 '다리가 불편한 늙은이'라고 표현하곤 했다. 그렇다고 모든 것은 마음먹기에 달려 있다는 식의 정신 승리를 강조하고 싶은 것은 아니다. 질병이나 신체적인 장애로 할 수 없는 일이 있을 수밖에 없고, 질병이나 신체 장애로 인해 어느 정도는 의지가 약해지며 삶의 의욕이 떨어질 수 있다. 하지만 그것 때문에 무엇을 해야 하는지, 무엇은 하지 말아야 하는지와 같은 합리적인 판단까지 흐려지는 것은 옳지 못하다.

내가 할 수 없는 것에 신경쓰기보다 그것을 인정하고 내가 할 수 있는 것에 집중하는 것이 현명하다. 모리 교수가 필요하면 한바탕 시원하게 울기도 하지만, 그런 다음에는 내 인생에서 여전히 좋은 것들에만 정신을 집중한다고 했던 것처럼 말이다.

한바탕 시원하게 울어도 좋다. 그것이 필요하기도 하다. 다만 계속 울고만 있지 않기를 바란다.

Mortui vivos
docent

법의학은 법률의 시행과 적용에 관련된 의학적 또는 과학적 사항을 연구하고 이를 적용하거나 감정하는 의학이다. 따라서 법의학은 환자를 치료하는 의학은 아니지만, 인권을 옹호하고 공중의 건강과 안전을 증진하며 사회 정의를 구현하는 필수의학이다. 인권 옹호, 사회 안전 및 정의 구현은 이해하기 쉬운데, 공중의 건강을 증진하는 것이 법의학과 상관있을까? 이렇게 생각할 수 있을 것 같다. 이것은 'Mortui vivos docent.' 라는 라틴어 문장을 통해 이해할 수 있다.

내가 법의학을 전공하겠다고 했을 때 한 법의학 교수님이 내게 이 문구를 적어 주셨다. 소개하는 시간을 가진 후 저녁 식사를 하면서 거나하게 취한 후 내게 써 주셨는데, 벌써 20년 가까이 지난 일이라 그 교수님은 기억하실지 모르겠다.

라틴어 mortui는 남성 복수 명사로 주격의 단어다. 뜻은 '죽은 사람들이'다. vivos는 남성 복수 명사의 대격형으로 '살아 있는 사람들을'을 뜻한다. docent는 동사로 '가르친다'라는 의미로, 미술관에서 미술 작품을 설명해주는 분들을 지칭하는 도슨트의 어원이다. 따라서 Mortui vivos docent는 '죽어 있는 사람들이 살아 있는 사람들을 가르친다.'라는 뜻이다.

죽어 있는 사람들이 살아 있는 사람들을 어떻게 가르칠까? 우선 해부를 통해 가르칠 수 있다. 빛의 화가라고 불리는 네덜란드 화가 렘브란트가 그린 〈튈프 교수의 해부학 강의〉처럼.

죽어 있는 사람들은 해부를 통해 신체의 비밀과 병에 대해 가르쳐주었다. 최근에는 코로나바이러스의 대유행으로 사망한 사람들을 부검함으로써 어떤 세균 혹은 바이러스가 병을 일으키고, 그 바이러스가 주로 어느 장기에 영향을 미치며, 어떤 기전으로 사람을 쇠퇴시키는지 알려주었다. 그뿐만 아니다. 사망한 사람으로부터 우리는 검체를 얻을 수 있다.

사망한 사람들이 자신의 장기 및 조직을 제공해서 살아 있는 사람들이 그 질병이나 죽음을 연구할 수 있도록 도와준다. 특

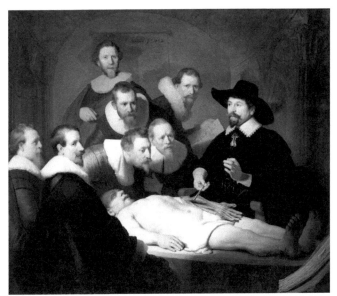

〈튈프 교수의 해부학 강의〉(렘브란트, 1632년)

별히 살아 있는 사람으로부터 얻기 힘든, 생명에 필수적인 장기들이 그렇다. 뇌와 심장 같은 장기는 살아 있는 사람에게서 얻을 수 없기 때문에 이들 장기를 제공해줌으로써 살아 있는 사람들이 연구하고 공부할 수 있도록 도와준다. 이 중에서 뇌의 경우 우리나라에서는 환자로부터 뇌를 기증받아 뇌 연구에 사용할 수 있도록 뇌은행을 운영하고 있다. 외국에서는 심장은 행도 운영하고 있는데, 우리나라에 심장은행은 아직 없다. 심장 이식 수술 중 적출된 심장을 진단하는 병리의사인 내가 보기에 아쉬운 부분이라고 생각된다. 빨리 만들어지기를 바란다.

이런 가르침이 망자들이 우리에게 하고 싶은 마지막 말이 아닐까. 내 생명은 이렇게 다함이 되었으나 살아 있는 당신들은 내 장기를 이용해 연구하고 공부해서 같은 질병으로 고통받는 살아 있는 다른 이들에게 도움이 되라고. 이것이 그들이 살아 있는 사람들에게 베푸는 마지막 은혜일 것이다.

설명의
의무

의사와 환자 사이의 관계는 어떻게 정의될까? 내가 학교에 다닐 때만 해도 의사와 환자 사이의 관계를 반신반인과 사람 사이의 관계 또는 아버지와 아들의 관계 정도로 배웠다. 그 정도로 의사의 지위를 높게 보았다. 내가 의대생일 때이니까 20년도 더 된 일이다. 당시 교수님께서 강의 시간에 말씀하셨던 이야기가 지금도 기억나는데, 의사와 환자 사이의 관계는 의사가 이끌어줘야 하는 관계이고, 심지어 의사는 반신반인과 같은 존재라면서, 이 때문에 환자에게 약을 투약하는 것이라고 하셨다. 약을 던진다는 것이다.

물론 지금은 환자와 의사 사이의 관계를 그렇게 이해하고 있지 않다. 환자와 의사는 병의 치료를 위해 서로 협력해야 하는 상대방이고, 상호 간에 권리와 의무를 갖는 관계다. 특별히 법적으로 환자와 의사의 관계는 의료 계약을 맺은 관계다. 그들 사이의 관계는 계약 관계다. 계약을 맺은 것이기 때문에 환자와 의사는 서로에게 일정한 의무를 갖는데, 환자는 의사의 진료를 받을 권리를 갖는 대신 진료비를 지불해야 할 의무를 갖는다. 의사는 환자를 진료함에 있어 환자의 협조를 받을 권리를 갖고 환자를 진료해야 할 의무를 갖는다. 그리고 이렇게 진료를 행함에 있어 의료 계약에 의해 의사가 갖는 의무 중 하나가 설명의 의무다.

의료계약에 있어 의사가 갖는 설명의 의무는 헌법 제10조 행복추구권에 근거한 환자의 자기결정권을 보장하기 위해서다. 헌법 제10조에서 모든 국민은 인간으로서의 존엄과 가치를 가지며, 행복을 추구할 권리를 갖는다. 이 중에서 모든 권리의 기본이 되는 가장 근본적인 권리가 생명권이다.

인간의 생명은 고귀하고, 생명권은 헌법에 규정된 다른 모든 기본권의 전제로서 기능하는 기본권 중의 기본권이라고 할 수 있다. 따라서 생명권은 기본권의 서열에 따라 양심의 자유와 같은 정신적 자유권, 신체의 자유권, 재산권과 같은 다른 기본권보다 먼저 보호되어야 한다. 이처럼 헌법에 기초한 행복추구권에 근거하고 있는 자기결정권의 보장을 담보하기 위해 의사는 환자가 가지고 있는 질병을 환자에게 적절히 설명해야 하는 설명의 의무를 갖게 된다.

의사에게는 환자의 건강 상태 등과 당시의 의료 수준 그리고 자신의 지식과 경험에 따라 적절하다고 판단되는 진료 방법을 선택할 수 있는 상당한 범위의 재량권이 인정된다. 그렇지만 환자의 몸에 위해를 가할 수 있는 수술과 같은 의료행위가 시행될 때 환자는 자신의 신체에 대한 자기결정권이 보장되어야 하고, 이를 담보하기 위해 의사는 환자에게 진단명, 수술과 같은 의료행위의 필요성이나 내용, 그에 따른 부작용이나 후유증 및 이후 요양 방법 등을 설명해준 후 환자가 자신에게 행해질 의료행위를 선택할 수 있도록 해야 한다.

의사와 환자 사이에는 지식과 정보의 차이가 크기 때문에 의사는 어렵더라도 환자가 이해하기 쉽도록 그림 등을 이용해 설명해줘야 한다. 또한 설명의 의무는 환자 자신의 자기결정권을 보장하기 위한 것이지 환자 가족의 자기결정권을 보장하기 위한 것이 아닌 만큼 환자 본인에게 설명의 의무를 이행해야 하고 환자 본인의 서명을 받아야 한다. 단지 환자의 나이가 많다는 이유로 환자의 자녀에게 설명의 의무가 이행되는 것은 인정되지 않는다. 또한, 의사가 설명해야 한다. 이는 환자와 의사 사이의 관계에서 발생하는 권리와 의무이기 때문이다. 설명의 의무는 환자와 병원 코디네이터 또는 환자와 간호사 사이의 법률관계에 대한 것이 아니다. 따라서 설명해준 의사의 서명이 있어야 한다.

2014년에 개봉한 영화 〈군도: 민란의 시대〉에서는 흉년 때 관에서 빌려준 모래가 섞인 구휼미를 온전한 쌀로 갚지 못한 백성들이 계약 내용을 이해하지 못하는 상태에서 수장(手掌)을 찍거나 수결(手決)함으로써 그 지역의 악덕 지주와 계약을 맺는 장면이 나온다. 수장은 손을 그려 자신이 한 계약임을 표시하는 것으로 계약의 완성이었고, 추후 쌀을 갚지 못한 백성은 이런 계약에 근거해서 그나마 가지고 있던 작은 땅과 집을 빼앗기고 노비로 전락하게 된다.

계약은 계약의 당사자 모두가 이해하고 이루어져야 한다. 만약 그렇지 못하다면 그 계약은 불공정한 것이고, 정보가 부족한 계약 당사자에게는 재앙이 될 수 있다. 특히나 기본권 중에서도 가장 근본이 되는 생명과 건강에 대한 계약이라면 더욱 그럴 수밖에 없다. 이런 의료 계약에서 정보가 비대칭적이라면, 많은 정보를 가지고 있는 계약의 한쪽 당사자가 다른 당사자를 위해 설명하는 것이 계약의 기본 조건이 될 수 있다. 물론 이런 설명의 행위에 대한 대가는 필요하다.

그리고 그 무엇보다 중요한 것은 의사와 환자 사이의 신뢰관계다. 의사는 자신에게 해를 끼치지 않을 것이며 자신을 조심스럽게 잘 보살펴줄 것이라는 환자의 기대를 충족시키고, 환자는 의사의 의료행위에 적극적으로 협력할 것이며 자신을 믿어줄 것이라는 의사의 기대를 저버리지 않아야 한다.

환자와 의사 사이에는 상호 굳은 신뢰가 필요하고, 의료에 있어 어떤 명분도 환자와 의사 사이의 신뢰관계보다 우선할 수 없다.

부검에 대하여

모든 죽음에는 이유가 있다

내가 나에게 만족하는
삶

우리는 우리 자신을 얼마나 만족하며 살고 있을까? 이에 대해 한 수강생은 늘 도전하는 것이 즐거움으로, 생각하는 존재, 도덕적인 존재, 실천하는 존재로서의 인간성을 상실하면 이는 만족스러운 삶이 될 수 없으며 살아 있다고 인정할 수도 없는 삶이라고 했다.

나의 삶에 만족하는 사람이 있을까? 세계에서 가장 부자인 사람은 자신의 삶에 만족할까? 한 학생은 죽기 전 삶의 목표는 죽기 전까지 자신이 바라는 나의 모습을 어느 정도 갖추고 죽고 싶다는 것이었는데, 지금의 모습을 보면 자신이 바라는 나와 차이가 커서 자신을 사랑하지 않고 있다고 했다. 지금 이 책을 읽고 있는 독자들은 자기 자신을 어떻게 생각하는지 궁금하다. 내가 나에게 만족하는 삶을 살고 있는지, 아니면 자신을 사랑하지 못하고 있는지?

세상에는 저마다의 삶이 있고, 저마다의 죽음이 있다. 100개의 무덤에는 100가지의 이유가 있다. 삶에 대한 목표도 모두 다르다. 삶은 객관식이 아니고 오히려 주관식이다. 우리는 자신이 바라는 나의 모습과 현재의 내 모습 사이에서의 간격을 줄이기 위해 노력하며 산다. 그런데 그 간격이 없어지는 날이 오기는 할까? 그 간격이 좁아질 수 있고 넓어질 수도 있겠지만, 없어지는 것은 어렵다.

100을 하고 싶고 열심히 노력해서 100을 할 수 있게 되었다. 그런데 주위에서 150을 요구하고, 100을 할 수 있으니 조금만 더 하면 150을 할 수 있을 것도 같다. 그렇게 되면 더 행복할 것도 같고, 충분히 할 수 있을 것 같아 다시 간격이 늘어난다. 나를 돌이켜보면 나도 그런 삶을 살아온 것 같다.

여우와
신 포도

《이솝우화》중에 여우와 신 포도 이야기가 있다. 배고픈 여우 한 마리가 먹을 것을 찾아 돌아다니다가 포도밭을 발견했다. 하지만 따 먹기에는 포도가 너무 높은 곳에 달려 있었다. 점프도 해보고 나무를 타고 올라가기도 하는 등 아무리 애를 써봐도 포도까지 닿을 수 없었다. 그러자 여우는 이렇게 투덜거리며 포기하고 가버렸다.

"저 포도는 어차피 신 포도일 거야!"

목표를 이루기 위해 최선을 다해야 한다고 믿었던 어린 나이에 이 우화를 읽었을 때는 최선을 다하지 않고 쉽게 포기하는 여우가 어리석다고 생각했고, 《이솝우화》는 삶의 지혜를 가져

다주는 책이라고 생각했다. 그러면서 나는 최선을 다하는 삶을 살아야겠다고 다짐했다. 그런데 나이들어 다시 읽어 보니 최선을 다하는 것이 최선이 아닐 수 있다는 생각을 하게 되었다.

때로는 포기하는 것도 답이 된다. 목표를 이루지 못한다고 큰일이 나는 것은 아니다. 사실 큰일이라는 정의도 모호하다. 그렇게 다들 사는 것 아닌가. 이루지 못해 스스로 상처를 받고 남에게 상처를 주는 것, 그것이 오히려 더 큰 일이 될 수도 있다. 목표의 역치를 낮추면 되는 것 아닌가. 역치를 낮춰 늘 성공한다면 그것들로 내 삶을 행복으로 채울 수 있을 것 같다.

목표를 이루려고 사는가? 아니면 행복하려고 사는가? 고대 그리스 철학자인 아리스토텔레스는 그의 책 《니코마코스 윤리학》에서 우리가 삶에서 성취할 수 있는 가장 최고의 것은 행복이라고 했다. 내가 어떤 높은 목표보다 나의 행복을 위해 산다고 해서 누가 그 삶을 손가락질할 수 있을까.

물론 행복을 추구하는 과정에서 타인에게 해로움을 끼치지 않아야 한다. 해로움을 끼치기는커녕 오히려 목표의 역치가 낮아 큰 유익은 주지 못하더라도 현재 내가 사는 지역 사회에 조금의 유익이라도 주는 삶을 살고 있다면, 그런 삶이 그 사람 개인은 물론 지역 사회에도 유익하고 권장할 만한 삶이 아닐까.

한 사람, 한 사람의 조그만 행복이 모여 인간과 사람의 행복이 되지 않을까.

여우와 신 포도 이야기를 다시 읽었을 때, 포기하는 여우는 게으르고 어리석기는커녕 현명했다. 여우는 목표를 위해 노력했다. 노력하지 않은 것이 아니었다. 노력했지만 이룰 수 없는 목표가 되자 현명하게 포기했다. 빨리 포기하지 않았다면 힘만 빼고 배고픔만 늘었을 것이다. 게다가 포도가 신 포도일 것이라고 추단했다. 그렇게 생각함으로써 목표를 이루지 못한 내가 너무 좌절하지 않도록, 내가 나에게 상처를 주지 않도록 적절히 나를 보호했다. 그리고 이런 생각의 변환은 다른 어떤 생명이나 타인에게 해를 주는 것도 아니었다. 그 포도가 신 포도였을 것이라고 단지 내 생각만 바꾸었을 뿐이다.

여우는 현명했고, 여우와 신 포도를 처음 읽었을 때의 나는 어리석었다.

부검은 꼭
해야 할까

우리나라 사람들은 부검을 참 싫어한다. 오죽하면 '두벌죽음'이라는 말도 있겠나 싶다. 시신을 훼손하는 것은 사람을 두 번 죽이는 것이라니. 그렇다면 부검하는 의사인 나는 사람을 두 번 죽이는 살인자란 말인가. 그런 시선이 안타깝지만, 부검하는 것이 사람을 두 번 죽이는 것이라면 나는 이제까지 수천 명을 살해한 살인자다. 하지만 이번 주에도 나는 망설임 없이 두 번 죽이는 살인을 하기 위해 담담히 부검대 앞에 설 것이다. 그러면서도 늘 이런 생각에 내 안에 맴돈다.

'이렇게 부검을 싫어하는데, 부검을 꼭 해야 할까?'

사인은 사망에 이르게 된 원인으로 '사람을 죽음에 이르게 한 질병, 병적 상태 또는 손상'이고, 사망 원인은 막연한 추상적인 개념이 아니라 구체적 개념으로 의학적으로 검토되고 과학적으로 타당한 결정이어야 한다. 따라서 이를 적합하게 판단하려면 여러 정보가 필수적이다. 따라서 외부 소견뿐만 아니라 해부를 통해 신체 내부 소견을 확인할 수 있고 해부 중 적절한 검체를 채취해 필요한 추가적인 사후검사를 가능하게 하는 부검은 사인과 사망의 종류를 판단하는 등 사망을 조사하는 데 가장 중요한 검사 방법으로 인정된다.

흔히 부검하는 이유를 말할 때 사인을 밝히기 위해서라고 한다. 틀린 말은 아니다. 물론 부검을 통해 사인을 밝힐 수 있다. 혹자는 부검이 필요한 이유는 망자의 억울함을 풀어주기 위해서라고 말하기도 한다. 하지만, 나는 이 두 가지 말이 모두 옳은 것은 아니라고 말하고 싶다.

먼저, 부검은 사인을 밝히기 위해 하는 것이 아니다.

결혼하고 얼마 되지 않았을 때였다. 전공의로서 법의학 공부를 시작한 지 얼마 되지 않은 나는 아내와 같이 뉴스를 보던 중 칼에 배를 찔려 사람이 사망하는 살인사건이 발생했다는 뉴스를 접했다. 기자는 사인을 밝히기 위해 경찰이 부검을 의뢰했다고 언급했다. 옆에 앉아 있던 아내는 내게 물었다.

"방금 기자가 배가 칼에 찔려 사람이 사망하는 살인사건이 발생했다고 했는데, 사인을 밝히기 위해 부검을 의뢰한다는 말이 무슨 말이야?"

사인은 이미 정해진 것 같은데, 부검을 왜 하냐는 의미였다. 들어보니 그 말이 맞았다. 법의학을 공부하고 있었지만 순간 나는 당황했고, 적절한 대답을 하지 못했다. 초등학생인 우리 아이들에게 물어봐도 그 사람의 사인은 배가 칼에 찔려 죽은 것이라고 대답했을 것이다. 맞다. 사인을 밝히기 위해 부검이 필요하다면, 이 살인사건에서 피해자에 대한 부검은 시행할 이유가 없다. 이미 사인이 명확하기 때문이다. 그러나 우리는 당연하게도 이 살인사건에서 부검이 필요하다고 생각한다.

왜 이런 오류가 발생했을까? 그것은 사인을 확인하기 위해 부검을 의뢰한다는 기자의 말이 틀렸기 때문이다. 여전히 그런 기사를 흔히 들을 수 있고 볼 수 있지만, 그 말에서부터 오류가 있었다.

부검은 단지 사인을 밝히기 위해 하는 것이 아니다. 사인 말고도 부검을 통해 확인하고 알아내야 할 것이 많다. 이번 사건에서는 다음과 같은 것들이 확인되어야 한다. 배 부위 자창 말고 다른 사인이 될 만한 상황은 있었는지, 치명적인 다른 질병이 있거나 치명적이지는 않더라도 사망을 촉진시킬 만한 다른 질병이 있지는 않았는지 확인이 필요하다. 어떤 칼이 사용되었고, 칼의 특성은 어떠했으며, 자창의 삽입 방향은 어떠했고, 어떻게 배 안으로 진입해 어떤 장기에 영향을 주었는지 알아야 한다. 배가 칼에 찔릴 당시에 이 사람이 살아 있었는지도 확인해야 하고, 방어 흔적은 없는지도 확인해야 한다. 주저 손상이 있는지 등을 살펴 혹시 자살의 가능성은 없는지도 확인해야 한다. 혈액을 채취해서 당시 음주 상태는 아니었는지 확인해야 하고, 약물과 독물 검사를 통해 당시 약독물에 의한 심신상실 상태는 아니었는지도 확인해야 한다. 사망 후 시신이 이동했거나 누가 시신의 자세를 바꾸지는 않았는지 등도 확인해야 하고, 사후경과시간을 확인해서 피의자의 진술에 배치되는 면은 없는지도 확인해야 한다. 대충 생각나는 것만 나열해도 이 정도다.

부검은 단지 사인을 밝히기 위해 하는 것이 아니다. 한 문장으로 말하면, 부검은 '사인'을 밝히기 위해 하는 것이 아니라 사망을 '조사'하기 위해 하는 것이다. 사인은 밝히는 것은 사망을 조사하는 과정 중 한 부분일 뿐이다. 그래서 당연하게도 법의학의 연구 분야는 사인과 관련된 부분에 제한되어서는 안

된다.

아울러 부검은 사망한 사람의 억울함을 풀어주기 위해 하는 것도 아니다. 부검의 목적과 관련된 또 다른 오해는 부검은 망자의 억울함을 풀어주기 위해 시행해야 한다는 것이다. 그렇지 않다. 이미 죽은 사람에게 무슨 억울함이 있으며 무슨 기쁜 일이 있을까. 이것은 아마도 우리나라의 전통적인 사후세계에 대한 인식에서 나온 오해로 생각된다.

우리나라의 전통적인 관점에서 죽음은 이승의 삶을 다한 사람이 저승이라는 또 다른 시공간적 세계에서 영생하는 것으로 이해된다. 생명이 죽으면 이승의 흙으로 환원되는 육신이라는 신체와 혼이라고 부르는 신령한 불멸적 존재가 육신을 떠나 일정한 정화 단계를 거쳐 저승으로 간다. 이때 이승과 저승은 공간적으로 전혀 다른 세계다. 저승은 이승과 닮은 곳이지만, 속되고 부정한 이승과 달리 맑고 평안한 세계이며, 이승의 생로병사의 아픔이 없는 곳이다.

죽은 혼령은 정화 단계를 거쳐 저승으로 가야 한다. 이때 억울함이 있는 혼령은 바로 저승으로 가지 못한 채 이승을 배회하고, 이를 풀어주기 위해 굿과 같은 의식이 필요하게 된다. 이런 전통적인 사후세계에 대한 인식으로 인해 부검하는 것이 죽은 자의 억울함을 풀어주는 '나쁘지 않은 행동' 정도로 인식되는 것 같다. 물론 나는 그런 일을 해주는 무당이 아니다.

최근에 반지하에 살던 분들이 수해로 인해 사망하는 슬픈 일이 있었다. 이 사건 때문에 한동안 잊고 있던 사건이 기억났다. 당시 피해자도 반지하 집에서 살고 있었다. 피해자는 세 살과 일곱 살 정도의 아이였는데, 엄마와 함께 살고 있었다. 불행하게도 잠을 자던 중에 집에서 화재가 발생했다. 두 아이는 안방에서 자고 있었고, 엄마는 부엌 겸 거실에서 자고 있었다. 화재가 발생하자 정신이 없는 상태에서 엄마는 탈출에 성공했으나 두 아이는 희생되고 말았다.

부검이 시행되었고, 내가 두 아이에 대한 부검을 시행했다. 사인은 화재사가 맞았다. 그런데 이상한 소견이 있었는데, 두 아이 모두 발바닥에 얇게 잘린 듯한 절창이 있었다. 크기 1센티미터 정도의 불규칙한 모양의 절창들이 발바닥에 집중되어 있었다. 이상해서 부검을 마친 후에 담당 형사에게 말했다.

"사인은 화재에 의한 사망인 화재사가 맞습니다. 하지만 발바닥에 얇게 잘린 듯한 절창이 있어서 수사가 필요할 것 같습니다."

그랬더니 담당 형사가 부검 전에는 이야기해주지 않았던 사실을 알려주었다. 화재가 발생하고 경황이 없는 가운데 엄마는 탈출했지만, 나와 보니 아이들이 아직 집 안에 있는 것을 알게 되었다. 엄마는 아이들을 꺼내기 위해 필사적으로 노력했지만 두 아이를 구하기 위해 다시 들어가기에는 너무 늦었다. 어쩔 수 없어 엄마는 유리창을 손으로 깼다. 그런데 안타깝게도 그 집은 반지하였고, 유리창에는 쇠창살이 있었다. 아이들은 깨어났지만 밖으로 나올 수 없었고 깨진 유리를 밟으며 나갈 곳을 찾았다. 도둑을 막기 위해 설치한 방범창이 안에서의 탈출도 막은 것이다.

부검을 마치고 우리나라에 있는 반지하 집들에서 창살을 모두 없애고 싶었다. 깨면 큰 소리가 나서 도둑이 들어올 수 없게 경계 역할만 하고 안에서는 쉽게 제거할 수 있는 장치를 개발하면 좋겠다고 생각했지만, 일개 법의관이던 내가 할 수 있는 일이 아니었고, 이런 생각을 전할 제도도 없었다. 바쁘게 지내면서 그 부검 건은 그렇게 잊어버렸는데, 최근 발생한 수재로 인해 그 사건이 다시 생각났다. 지금이라도 법의학을 하는 의사들이 사망을 조사하던 중 알게 되는 생각들을 아이디어 삼아 살아 있는 사람들을 위해 환경을 개선할 수 있는 제도가 있으면 좋겠다. 이것이 부검을 하는 또 다른 이유다.

부검은 죽은 사람의 억울함을 풀어주기 위해서 하는 것이 아니라 살아 있는 사람을 위해 하는 것이다. 다시 그런 억울한 죽음이 발생하지 않도록, 다시 그런 안타까운 죽음이 발생하지 않도록, 살아 있는 사람들이 동일한 질병으로 인해 받는 고통을 줄이기 위해 하는 것이다. 빈틈 없이 사망을 조사하고 사인 통계를 바르게 함으로써 적절한 복지 정책을 마련하고, 정확한 사망 조사를 통해 사회 안전을 위한 적절한 정책을 마련하기 위해서 하는 것이다.

그날을 이야기하기 좋은 때

어떤 죽음이 삶에게 말했다

죽음을 이야기하기
좋은 때

프롤로그에서도 언급했지만, 이 책은 학생들이 수업을 들으면서 조별로 자유롭게 선택한 각각의 책을 읽고 삶과 죽음에 대해 작성한 글들을 바탕으로 했으며, 이를 통해 삶과 죽음 및 법의학을 새롭게 돌아보았다. 이 숙제 덕분에 학생들은 자신의 삶에서 삶과 죽음에 대해 생각하고 주변 사람들과 이 주제에 관해 이야기를 나누기도 했다. 삶과 죽음에 관한 질문을 받은 주변 친구들 중에는 황당하다는 반응이 많았다고 한다.

"또 무슨 헛소리야."

"힘든 일 있어?"

이렇게 반응하기도 하고, 어떤 친구들은 이렇게 말했다.

"그런 이야기를 하기엔 우린 너무 젊지 않아?"

《어떤 죽음이 삶에게 말했다》는 종양내과 의사인 저자가 암 진단을 받고 죽음을 앞둔 사람들의 각각의 모습을 기록한 책이다. 어떤 사람은 소소한 행복을 찾으며 담담히 삶을 정리했고, 누군가는 죽음을 미루기 위해 고집을 부리기도 했으며, 또 다른 누군가는 암을 이겨내고 삶을 다른 시각으로 바라보기도 했다. 그들에게 죽음이란 무엇이었으며, 그들은 어떻게 죽음과 마주했을까?

삶과 죽음에 관해 이야기하기에 좋은 나이는 언제일까? 여전히 우리나라는 죽음에 관한 이야기를 터부시하는 편이다. 하지만 오히려 죽음이 있기에 역설적으로 삶이 소중한 것임을 우리는 쉽게 알 수 있다. 지금의 튀르키예 아나톨리아반도에 있었던 프리기아의 미다스 왕처럼 만지는 것마다 황금이 된다면 그는 돈의 소중함을 알지 못할 것이다. 오히려 죽음이 있기에 우리의 제한된 삶이 얼마 소중한지 알 수 있다.

넘치도록 있다면 역설적으로 그것은 소중한 것이 될 수 없다. 세계에서 가장 부자인 사람에게는 돈이 소중하지 않을 테지만, 하루 벌어 하루 사는 이들에게는 하루 일하고 받는 일당은 생명만큼 소중할 것이다. 내가 별생각 없이 살고 있는 오늘은 어제 사망한 사람이 그렇게도 소원하던 내일이 아니겠는가. 우리에게 제한된 삶이 있는 까닭에 가족도 소중하고, 사랑도 소중하고, 우정도 소중하고, 돈도 소중하고, 지식과 건강도 소중하다.

젊은 나이일 때 죽음에 대해 좀 더 심오하게 생각해볼 수 있기를 바라고, 삶 곁에 죽음이 있으므로 죽음을 이야기하는 것은 빠를수록 좋다고 생각한다. 소중한 것이지만 소중함을 모른 채 허비할 수 있기 때문이다. 우리가 영생을 추구하고, 영생까지는 아니더라도 장수를 추구하는 것은 역설적으로 죽음이 있음을 인식하지 못하고 삶의 소중한 시간을 허비해버렸기 때문인지 모른다. 하루하루를 소중히 여기고 최선을 다해 살아온 사람이라면 죽음의 다른 이름이라고 할 수 있는 영원한 쉼은 기쁨일지도 모른다.

끝을 알아도 다시 노래를 부르는 것이 삶이 아닐까. 죽은 아내 에우리디케를 위해 하데스에 찾아가는 오르페우스의 이야기를 기초로 창작된 뮤지컬 〈하데스 타운〉의 노래처럼 말이다. 물론 오르페우스 이야기처럼 삶의 끝이 비극으로 정해져 있다는 것은 아니다. 나는 삶의 하루하루 과정이 중요하다고 말하고 싶다. 이와 같다면 죽음을 이야기하기 좋은 때는 바로 지금이다.

참고로 2022년 12월 6일 통계청에서 발표한 자료에 따르면 2021년에 출생한 남아의 기대 수명은 80.6년, 여아는 86.6년이다. 2021년에 40세인 남성은 장차 41.7년을 더 생존할 것으로 예상되고, 40세인 여성은 장차 47.4년 더 생존할 것으로 예상된다. 2021년에 60세인 남성과 여성은 각각 23.5년과 28.4년 더 생존할 것으로 예상된다. OECD 38개 국가들 중 남성의 기대수명이 가장 긴 나라는 스위스로 81.9세이고, 대한민국은 80.6세로 8위다. 여성의 경우 기대수명이 가장 긴 나라는 일본으로 87.7세이고, 대한민국은 86.6으로 2위다. 평균적으로 이와 같다. 이제 무엇을 할 것인가?

나의
장례식

나의 장례식은 어떤 모습이면 좋을까? 죽음을 준비한다면 이역시 생각할 수 있을 것이다. 우리는 매일 내 모습을 거울 앞에서 확인하고 나를 치장한다. 그런데 대개 얼굴을 치장하는 데많은 시간을 들이지만 뒷모습은 미처 신경을 쓰지 못할 때가많은 듯하다. 하지만 내 뒷모습도 나다. 게다가 상대방과 마주하고 있는 나는 내 얼굴을 보는 상대방의 반응을 통해 굳이 거울을 보지 않아도 내 얼굴의 상태를 쉽게 알 수 있다. 얼굴에뭐가 묻었으면 상대방이 나를 보고 웃거나 지적한다. 하지만내 뒷모습은 그렇지 않다. 상대방의 반응을 내가 인지하기 어렵다.

이에 대해 내 수업 중에 한 학생이 막상 죽음을 준비한다고 생각하니 생각보다 신경 쓸 것이 많다고 했는데, 나의 장례식도 그럴 것 같다. 내 장례식이 내 뒷모습 같은 건 아닐까. 나는 인지할 수 없지만, 나에 대한 타인들의 마지막 반응을 볼 수 있는 것이 내 장례식은 아닐까 생각해본다.

사실 굳이 내 장례식이 필요한가 싶기도 하다. 나는 이미 죽었으니 살아 있는 사람들이 잘 살면 되는 것 아닌가. 하지만 나의 죽음을 추모하고 싶은 사람이 있다면 추모할 여유를 주기 위해 시간과 장소를 마련하는 것도 나쁘지 않을 것 같다. 슬퍼하고 싶은 사람에게 울 수 있도록 배려해주는 차원에서 말이다. 수업 중에 이런 말을 했더니 한 학생은 자신의 장례식을 1부와 2부로 나눠, 1부는 마음껏 울 수 있는 추모의 분위기로, 2부에서는 사망 전에 자신이 좋아했던 음악을 틀고 지인들이 조금은 웃을 수 있도록 하는 방법으로 슬픔을 나누고 싶다고 했다. 내가 평소에 좋아하던 술과 음식을 대접하면서 말이다.

맞다. 슬픔이 있는 사람에게는 슬퍼할 시간을 주어야 한다. 감정을 쏟아내는 것이 슬픔을 치유하는 데 도움이 된다. 울고 싶은 사람에게 울 수 있도록 해줘야 한다. 그래야 치유가 된다. 우리나라에서도 많은 사회적 참사가 있었는데, 희생자의 가족

이 마음껏 추모할 수 있도록 배려해주는 것이 중요하다. 그래
야 치유될 수 있다.

heart와
kerd

우리나라에서 법적으로 죽음은 심폐정지설이 통설과 판례다. 심장과 폐가 정지하면 사람이 죽은 것으로 판단한다. 그리고 특정 조건에 해당하는 경우에는 뇌사 상태도 법적으로 살아 있는 사람으로 인정하지 않는다. 그렇다면 심장이 멈추면 사람이 죽었다고 할 수 있을까? 심장이 죽었다는 것은 어떻게 알 수 있을까?

쉽게는 맥박이 만져지지 않으면 심장이 멈추었다고 생각할 수 있다. 물론 맥박이 만져지지 않는다고 해서 심장이 멈추었다고 확정할 수는 없지만, 우선은 그렇다. 좀 더 자세히 심장이 멈추었다는 것을 객관적으로 알고 싶다면 우리가 흔히 아는 심전도를 확인해보면 된다.

심장은 영어로 heart라고 하는데, 심전도는 영어로 ECG 또는 EKG라고 한다. 심장은 heart인데 왜 심전도에는 H라는 글자가 들어가지 않을까? 심장을 뜻하는 명사는 heart인데, 형용사는 왜 cardiac이라고 할까? 이것은 어원론적으로 그렇게 된 것이다. 영어는 카스피해 지역에서 발생한 인도유럽어족에서 기원했는데, 이들이 그리스 쪽으로도 전해져 고대 그리스어를 이루었고, 그리스어는 로마의 라틴어에 영향을 주었다. 그리고 이들 언어의 영향을 받아 영어, 독일어, 프랑스어 등이 발생했다고 이해하고 있다.

심장을 뜻하는 인도유럽어족의 단어는 kerd다. 이로부터 심장을 뜻하는 고대 그리스어 kardia가 되었으며, 이 단어에서 심장을 의미하는 형용사 cardiac이 유래한다. 따라서 심전도는 electrocardiogram(ECG)이 되었다. 또는 그리스어 kardia를 그대로 사용해 ectrokardiogram이라고 해서 EKG라고 부르기도 한다. 그 밖에 심정지를 영어로 cardiac arrest, 위(stomach)에서 심장에 가장 가까운 부분을 cardia라고 부른다.

한편, 라틴어에서 심장을 의미하는 단어는 cor이다. 그래서 심장 앞쪽인 전흉부의 형용사형이 영어로는 precordial이다.

그리고 심장 모양이라는 뜻의 영어는 cordate가 되고, 심장 모양의 잎사귀를 cordate leaf라고 부른다. 위화의 소설 《제7일》을 보면, '죽었지만 매장되지 못한 자들의 땅'을 이렇게 그리고 있다.

"물이 흘러넘치고, 푸른 풀밭이 펼쳐져 있고 수목이 무성하며 나뭇가지에는 씨 있는 열매가 맺혀 있었다. 나뭇잎은 모두 심장 모양을 하고 있었고, 그들의 떨림도 심장이 박동하는 리듬이었다."

심장이 박동하는 듯한 리듬으로 떨리는 심장 모양의 나뭇잎인 cordate leaf가 '죽었지만 매장되지 못한 자들의 땅'에 있었던 것이다. 그래서 그 잎은 생긴 모습처럼 심장 박동 리듬에 따라 떨리는 것으로 묘사된다. 더 나아가면, 심장(마음)이 서로 맞는 것을 의견이 일치한다고 해서 accord, 심장이 서로 맞지 않는 것을 의견이 불일치한다고 해서 discord라고 한다. 심장에 새기는 것을 기록하는 것이라고 해서 record라고 한다. 아울러 심장을 믿는 것이 신용이기 때문에 credit이 되었다.

애도의 시간을 건너

죽음의 에티켓

죽음에 대한 전형적인
슬픔

롤란트 슐츠는 《죽음의 에티켓》에서 죽음은 삶의 한 부분이라고 했다. 이 책은 죽음을 받아들이는 과정과 죽음 직후 그리고 죽음 이후의 남은 사람들의 이야기를 보여주며, 죽음이란 어떤 것인지 생각하는 시간을 갖게 해준다. 이 책에서는 죽음에 대해서 죽기 전, 죽고 난 후, 그리고 남겨진 자들을 이야기한다. 죽음에 대한 마음가짐이나 행동 방식에 어렴풋이나마 해답을 제시해준다는 점에서 죽음의 '에티켓'이라고 할 수 있다.

죽음 이후 남겨진 사람들을 위해 우리는 무엇을 어떻게 해야 할까? 관계 속에 있는 우리는 죽음을 생각할 때 당연하게도 나의 죽음 후에 남겨진 사람들을 배려해야 한다. 죽음은 무엇보다 고독하게 홀로 겪는 개인적인 것이고 나의 죽음으로 내 삶은 끝이 나지만, 남겨진 사람들은 여전히 삶을 지속해야 하기 때문이다. 그래서 내 삶이 그들에게 해가 되거나 짐이 되지 않기를 소망해야 하지 않을까. 그리고 혼자 죽음을 생각하는 것뿐만 아니라 가족들과 함께 대화를 나눠보는 것이 좋겠다.

죽음은 나의 삶을 끝낼 뿐 모든 것을 끝내는 것은 아니다. 롤란트 슐츠는 죽음의 슬픔에는 유효기간이 없다고 했다. 맞는 말이다. 소중한 사람을 보내고 나서 문득문득 생각나는 슬픔과 그리움을 누구도 부인하기는 어려울 것이다.

세월호 사건이 발생한 지 벌써 10년이 지났다. 당시 나는 광주과학수사연구소 법의학과장이었기 때문에 그 사건에서 멀리 있을 수 없었다. 사건이 있었던 4월 16일, 그날의 날씨는 따뜻했으며 꽃들이 피어 있었다. 사건 직후 나는 광주과학수사연구소가 있었던 장성과 목포를 다니며 출퇴근했고, 목포에서 상주하기도 했다. 처음에는 시신들이 목포에 있는 병원들의 장례식장으로 모였기 때문에 신원확인 등을 위한 검안을 하기 위해 목포로 출퇴근했다. 다음에는 진도 팽목항으로 출퇴근했다. 한동안 집으로 퇴근하지 못하고 팽목항에서 상주하기도 했다. 세월호 사건으로 인한 사망자는 299명으로 집계되었고, 생존자는 172명이었다. 남은 5명은 여전히 찾지 못하고 있다.

"당신은 괜찮아?"

그즈음 아내가 내게 물었다. 많은 사람이 슬퍼하고 충격을 받기도 하고 심리치료를 받기도 하는데, 당신은 괜찮냐고 물었다. 시신이 발견되면 가장 먼저 달려가서 시신들을 보고, 그것도 자세히 관찰해서 시체검안서를 작성하는 일을 하면서 괜찮냐는 것이었다. 당시에는 그 말을 깊게 생각하지 못했다. 법의학이 천성이라서. 그렇게만 생각했다.

그때는 그런 생각을 할 여유가 없기도 했다. 빨리 검안을 마치고, 신원을 확인하고, 시신을 가족에게 조금이라도 빨리 돌려보내는 것이 우선이었다. 헬기를 타고 검체를 운반하기도 했고, 새벽에 팽목항으로 차를 몰고 출근하기도 했으며, 밤새워 일하고 새벽에 장성으로 다시 출근하기도 했다. 그때는 다른 생각을 할 여유가 없었다. 지금 와서 다시 그 일들을 생각하려고 하니 가슴이 떨리고 손에서 땀이 난다. 그리고 자세하게 생각하고 싶지 않고 자세하게 이야기하고 싶지도 않다.

죽음의 슬픔에는 유효기간이 없다는 롤란트 슐츠의 말에 덧붙이자면, 나는 죽음에 대한 전형적인 슬픔은 없다는 말도 하고 싶다. 각자가 나름의 슬픔을 느낄 뿐이고, 그것은 그때일 수도 있고 나중일 수도 있다. 그렇게 자신만의 방식으로 애도한다. 내 수업 중에 한 학생이 말한 것처럼 누구에게나 죽음에 의한 이별은 공포가 될 수 있다.

죽음
그 이후

죽음이 모든 것을 끝내는 것은 아니다. 나의 죽음 이후에도 다른 사람의 삶은 계속 이어지고, 그것은 나와 관계가 있든 없든 상관없다.

과거력상 14년 전부터 고혈압으로 복약 중이었고 고지혈증도 있던 60대 여성이 9월의 어느 날 갑자기 등과 왼쪽 옆구리에 통증이 발생해서 병원 진료를 받았다. 배 부위 CT 검사가 시행되었고, CT 검사상 복부 대동맥 주위에 출혈성 음영이 동반된 길이 약 12센티미터, 최대 직경 8.8센티미터의 복부대동맥류가 발견되었다. 복부대동맥류의 파열이 강하게 의심되는 상황이었다.

복부대동맥류는 복부 내에 가장 큰 혈관인 대동맥의 벽이 다양한 원인에 의해 늘어나는 질병이다. 대동맥벽의 구조가 잘 유지되면서 늘어나면 다행이지만, 대개는 어떤 병적 원인 때문에 늘어나기 때문에 늘어난 대동맥벽은 터지기 쉽다. 주요 원인은 고지혈증과 관련된 대동맥 내막의 죽상동맥경화이고, 고혈압 역시 중요한 위험인자다. 음악의 어머니라고 알려져 있는 헨델의 최대 후원자였던 영국의 국왕 조지2세 역시 가슴에 있는 대동맥의 박리성 대동맥류 파열에 의해 사망한 것으로 유명하다.

대동맥벽이 병적 상태에서 늘어나기 때문에 늘어나는 것에는 한계가 있고 한계를 벗어나면 대동맥류가 파열될 수 있다. 복부에서 가장 큰 혈관인 대동맥이 파열된다는 것은 생각하기도 싫은 상황이다. 초응급 상황이고, 치명적이다. 복부대동맥류는 서서히 커지기 때문에 별다른 증상이 없을 수 있고, 복부에서 박동하는 혹이나 덩어리가 만져질 수도 있다. 하지만 대동맥은 등 쪽의 등뼈 앞, 즉 배 공간의 깊숙한 곳에 위치해서 박동이 느껴지고 만져질 정도라면 이미 많이 늘어난 상태일 가능성이 크다.

이 여성의 경우 파열이 의심되는 복부대동맥류가 확인되어

즉시 대학병원으로 옮겨졌고, 응급수술을 받았다. 그러나 이미 파열이 진행되어 출혈이 발생한 상황이었고, 수술 기록을 보면 복부 대동맥의 혈관에 병적 상태가 진행되어 혈관 자체가 매우 얇고 부서지기 쉬운 상태였다. 혈관을 봉합하면 다시 터지고 다시 봉합하면 혈관이 터지는 상황이 반복되었다는 기록이 있었다. 안타깝지만 결국 환자는 사망했다. 퇴원 기록지에서 병명은 당연하게도 복부대동맥류의 파열이었다.

그런데 환자가 사망하고 10여 일이 지난 후에 환자의 보호자가 병원으로 찾아와서 진단서를 발행해달라고 했다. 사망진단서의 요구 내용은 복부대동맥 파열이 있던 날 환자가 자동차에서 내리다가 차 문에 배 부위를 부딪혔다는 것이다. 차 문에 부딪혀 복부대동맥류가 파열되었으니 교통사고가 아니냐는 말이다. 교통사고로 인한 사망이 되면 보험금 등에 많은 차이가 발생한다. 최종적으로 그분의 사인과 사망의 종류가 어떻게 판단되었는지는 독자의 상상에 맡기겠다. 다만 이것만은 분명하다. 죽음이 모든 것을 끝내지는 않는다. 죽음 이후로 그 죽음과 관계된 다른 권리와 의무가 발생하기도 한다. 오히려 죽음이 새로운 시작을 의미하기도 한다. 이것이 모든 죽음에 법의학적 판단이 필요한 이유다.

사람이 죽으면 어떻게 될까? 살아 있는 우리가 이것을 어떻게 알겠는가. 이것은 지식이 아니라 믿음의 문제일 수 있다. 우리가 안다고 생각하는 과학적 지식도 어쩌면 우리의 제한적인 경험에 기초해서 이해해 안다고 믿고 있는 것일지도 모른다. 유한이 무한을 담을 수는 없다. 물고기는 바다 안에서 자유롭게 살고 있다고 할 수 있지만, 바다 안에 갇혀 있다고 할 수도 있다. 우리가 과학 또는 지식이라고 알고 있는 것들도 우리 이성의 제한된 범위 안에서 이해되고 납득되는 것일 뿐이다. 죽음에 대해 우리가 온전히 알 수 없다. 다만 법의학을 통해 우리가 죽은 후 우리 육체가 어떻게 되는지는 알 수 있다.

내가 강의 시작 즈음에 학생들에게 보여주는 그림이 하나 있다. 피테르 파울 루벤스의 1610년경 작품인 〈영아 학살〉이다. 이 그림은 내가 학술대회 참석을 위해 캐나다 토론토에 갔을 때 들렸던 온타리오미술관에서 우연히 본 작품이었다. 이 작품을 이야기하려면 이 그림의 배경을 이야기해야 한다.

아기 예수가 유대 땅 베들레헴에서 태어났을 때 이스라엘은 헤롯이라는 분봉왕이 통치하고 있었다. 헤롯은 로마제국이 유대를 간접 지배하기 위해 유대의 왕으로 임명한 자였다. 예루살렘의 두 번째 성전을 짓기도 했던 그는 자신의 권력에 대한 집착이 심한 왕으로도 알려져 있다.

아기 예수가 태어나자 동방박사들이 별의 인도를 받아 아기 예수를 만나 예물을 드리기 위해 찾아온다. 먼저 예루살렘으로 가서 헤롯왕에게 유대인의 왕으로 나신 이가 어디에 계시는지 물었는데, 별이 대충 유대 땅이라는 것만 알려주고 정확히 유대 땅 베들레헴이라고 알려주지는 않았던 것 같다. 그래서 박사들은 유대의 수도였던 예루살렘에 가서 당시 유대의 왕이었던 헤롯에게 새로 태어난 왕에 대해 물었던 것이다. 왕이 될 아기가 태어났다는 점성술을 보고 찾아온 것이니, 헤롯이 있는 왕궁으로 먼저 간 것이 당연했으리라. 그런데 예상과 달리 헤

〈영아 학살〉(피테르 파울 루벤스, 1610년경)

롯의 아들이 태어난 것이 아니었다.

헤롯으로서는 자기가 왕인데 새로운 왕이 태어난 곳을 물으니 기분이 좋지 않았을 것이다. 그는 대제사장들과 당시 지식인이었던 서기관들을 모아 메시아가 어디에서 태어나겠느냐 물어보았고, 그들은 베들레헴에서 태어났을 것이라고 이야기했다. 헤롯은 이를 듣고 동방박사들에게 베들레헴이라고 이야기해준 뒤 아기를 찾으면 자신에게도 알려 자기도 경배할 수 있게 해달라고 부탁한다. 물론 경배하려고 물어본 것은 아니었고, 권력욕이 강했던 그는 새로 태어난 왕을 죽이려는 의도를 품고 있었다.

박사들은 아기 예수를 만나 황금과 유향과 몰약을 예물로 드렸으나 꿈에 헤롯에게 가지 말라는 지시를 받고 고국으로 돌아간다. 헤롯은 박사들이 자기 말을 듣지 않고 가버린 것을 알고 화가 났으며, 새로 태어난 왕이 누구인지 알지 못하게 되자 군인들을 보내 베들레헴 주변에 사는 두 살 아래 남자아이를 모두 죽이라고 명령한다. 이에 따라 많은 아이들이 학살당했다.

"라마에서 슬퍼하며 크게 통곡하는 소리가 들리니 라헬이 그 자식을 위하여 애곡하는 것이라. 그가 자식이 없으므로 위로받기를 거절했도다."

약 600년 전 선지자 예레미야의 예언이 이렇게 성취된 것이었다.

루벤스의 〈영아 학살〉은 이 이야기를 배경으로 삼고 있다. 어머니와 할머니로 보이는 많은 여성들이 군인으로 보이는 많은 남성들로부터 어린 남자아이들의 학살을 막는 모습이 그려져 있다. 어떤 군인은 남자아이를 내동댕이치기 위해 남자아이를 하늘 높이 들어 올렸고, 어떤 할머니는 군인의 칼날을 오른손으로 잡아 막고 있다.

그러나 그중에는 이미 살해당한 아이들이 땅에 뉘어 있는데, 나는 우연히 이 그림을 보고 꽤 놀랐다. 땅에 뉘어 있는 아이들을 보니 아이들의 피부색이 서로 달랐던 것이다. 일부 아이의 피부색은 살아 있는 사람들과 같은 색이었고, 일부 아이의 피부색은 녹색으로 그려져 있었다.

피부색이 녹색으로 그려져 있는 아이들은 사망한 지 어느 정도 시간이 지났으리라 생각된다. 루벤스는 사람이 죽은 후 시간이 지나면 피부색이 녹색으로 바뀐다는 것을 알고 있었으리라. 그래서 나는 죽음 이후 신체의 사후 변화에 대해 강의하기 전에 이 그림을 학생들에게 보여준다.

법의학에서는 사망 후 시체의 변화를 초기 시체 현상인 초기 사후변화와 후기 시체 현상인 후기 사후변화로 구분한다. 대표적인 초기 사후변화로는 시체얼룩인 시반, 시체경직을 뜻하는 시강, 체온 하강이 있다. 후기 사후변화로는 부패가 대표적이다. 사람의 피부색이 녹색으로 바뀌는 것은 부패로 인해 나타나는 대표적인 현상 중 하나다.

나는 죽음을 생각하며 산다

제7일

죽음으로 완성되는
삶

삶에서 죽음은 무엇일까? 삶은 언제 완성될까? 이에 대해 한 학생은 우리가 삶과 죽음을 고민하는 이유는 인간이 살아가면서 맺은 모든 것들과 영원히 이별하기 때문이라고 했다. 인간의 삶은 타인과의 관계 속에서 시작되고, 타인과의 관계 속에서 이루어지듯이 죽음도, 그리고 삶의 완성도 타인과의 관계 속에서 이루어지는 것은 아닐까 생각해본다.

흔히 죽음을 단절이라고 생각한다. 내가 죽기 전에 맺은 인연들과의 단절, 사랑하는 사람들과의 단절, 그 많은 추억이나 감정들과의 단절 말이다. 그러나 위화의 소설 《제7일》에서 죽음은 단절을 의미하지 않는다. 오히려 타인과의 관계를 통한 삶의 완성이 죽음 이후의 세계에서 이루어진다.

"인생은 가까이 보면 비극이고, 멀리 보면 희극이다."

영화배우 찰리 채플린의 말이다. 삶에 대해서는 가까이 보는 것과 멀리 보는 것, 두 가지 시선이 모두 필요하다. 둘 중 하나를 고르라면 나는 멀리 보는 희극이 좋다.

《제7일》은 《허삼관 매혈기》로 유명한 중국 작가 위화의 소설이다. 7일은 구약성경 《창세기》의 천지창조에서 모티브를 따왔다. 《창세기》에서는 창조가 이루어지는 7일은 창조의 작업이 종결됨과 동시에 인간들의 새로운 세상이 열리기 시작한다는 이중적인 의미를 지니고 있다. 이 책에서도 죽음은 끝이 아니라 오히려 삶을 정리하고 완성하는 새로운 공간으로서의 이중적인 의미를 담고 있다.

이 책은 주인공 양페이가 불의의 사고로 죽고 난 후, 이승은 떠났지만 저승으로 넘어가지 못한 상태에서 7일 동안 벌어지는 일을 다루고 있다. 이 소설에서 작가는 살아 있는 사람의 시선이 아닌 망자의 시선으로 죽음을 처리해, 단면적이거나 감정적으로 묘사될 수 있었던 다른 망자들의 과거를 객관적이고 더욱 입체적으로 표현했다.

소설에서 죽음은 삶의 마지막이지만, 사후세계의 시작이기도 하다. '죽었지만 매장되지 못한 자들의 땅'에서 주인공 양페이는 자신이 죽기 전에 인연이 있었던 사람들을 만나면서 살아 있을 때의 기억들을 가지고 대화함으로써 자신의 삶을 재구성하고, '죽었지만 매장되지 못한 자들의 땅'에서 자신의 삶을 치유 받는다. 양페이가 죽음 이후 육체는 없지만 기억은 가지고 있는 상태에서 대화를 통해 자신의 삶을 정리하고 완성하는 것을 보면, 결국 우리 삶은 기억으로 남고 기억으로 치유되는 것이 아닐까 싶다.

이 소설에서 삶은 죽음을 통해 완성된다. 작가는 우리가 흔히 단절이라고 생각하는 죽음을 삶과 사랑의 완성을 위한 소재로 사용했다. 실제 우리의 삶과 죽음이 소설 같지는 않겠지만, 우리의 삶도 죽음으로 완성되는 것은 아닐까. 바다를 보지 못한 사람은 바다를 상상할 수 없다. 우리는 죽음을 경험하지 못한다. 바다를 보지 못한 사람이 바다의 광활함과 깊음을 상상하지 못하는 것처럼 죽음을 경험하지 못하는 우리가 어떻게 죽음을 이해할 수 있겠는가. 다만 죽은 자들로부터 배워 지금 우리 삶에 도움이 되기를 바랄 뿐이다. 그래서 우리는 죽은 자들로부터 그들의 무언(無言)의 말을 들어야 하고 그들에게서 배워야 한다.

죽음을 생각하며
사는 사람

내 책상 위에는 해골 모양의 장식품이 하나 있다. 작년 여름 휴가 때 나를 위한 선물로 산 장식품이었다. 제롬(347~420년)은 기독교 4대 교부 중 한 명으로, 히브리어의 구약성경과 그리스어의 신약성경을 라틴어로 번역한 성인으로 유명하다. 그가 391년부터 406년까지 번역한 불가타 라틴어 성경은 신학적으로나 어학적으로 큰 의미가 있는 성경이다. 과거 그의 책상에는 죽음을 기억하라는 "Memento mori."의 의미로 해골이 있었다고 한다. 미술에서 해골은 흔히 죽음을 상징하고, 그것은 16~17세기에 네덜란드와 플랑드르 지역에서 유행했던 정물화의 화풍 바니타스화의 대상이 되었다. 라틴어 바니타스

(vanitas)는 '공허', '공백'이라는 뜻이다.

휴가 중에 우연히 이 장식품을 발견했고, 해골 모양의 모습을 하고서 제롬의 책상 위에 있었다는 해골이 생각나 연구실 책상 위에 두기 위해 산 것이었다. 여기에는 바니타스화의 의미도 있으며, 더불어 법의학을 공부하는 내게 가장 어울리는 책상 위 장식품 같기도 했다. 제롬에게는 유명한 전설이 하나 있다. 그것은 그가 어느 날 사자의 앞발에 박혀 있는 가시를 빼주었는데, 그 이후부터 죽을 때까지 그 사자가 제롬을 떠나지 않고 그의 곁을 지켰다는 전설이다. 그래서 그를 그린 그림에는 해골, 사자, 책 등이 그에 대한 상징으로 함께 그려진다.

〈연구 중인 성 제롬〉은 북유럽 르네상스의 대표적인 화가 알브레히트 뒤러가 제롬을 주인공으로 제작한 판화다. 이 작품에서도 제롬은 아마도 성경책이었을 것 같은 책을 쓰고 있고, 제롬의 머리 위에는 시간의 유한성을 상징하는 모래시계가 새겨 있다. 창가에는 해골이 있고, 그림의 아래쪽에는 사자가 새겨 있다. 한편 사자의 꼬리 위쪽에는 알브레히트 뒤러 이름의 약자 'A'와 'D'를 조합해 뒤러가 직접 만든 사인이 보인다.

제롬까지는 아닐 수 있겠지만, 나는 법의학자로서 날마다 죽음을 생각한다. 어쩔 수 없이 나는 늘 죽음을 생각하면서 하루

〈연구 중인 성 제롬〉(알브레히트 뒤러, 191514년, 판화)

하루를 산다. 어쩌면 법의학을 시작한 이후 하루라도 죽음을 생각하지 않고 하루를 보내는 날은 드물었던 것 같다. 사람은 왜 죽는지, 사람은 어떻게 죽는지, 사람은 언제 죽는지 늘 생각한다.

어떤 사람은 태어나면서 죽고, 어떤 사람은 태어나자마자 죽는다. 어떤 사람은 장애를 안고 태어나고, 어떤 사람은 특정 질병에 걸리도록 정해진 채 태어나기도 한다. 넓게 보면 우리 모두 언젠가는 어떤 질병에 걸리도록 정해진 채 태어났다고 할 수도 있다. 다만 그것이 언제인지, 그리고 그 질병이 무엇인지 모르고 살고 있을 뿐이다.

나는 자주 지하철을 타고 출근하는데, 종점에서 내린다. 마지막 역에 이르면 지하철 내에 지하철의 장점을 홍보하는 노래가 흘러나온다. 그 노래의 가사는 지하철은 시간을 아껴주고 정확하며 환경에도 도움이 되고 경제적이라는 내용이다. 이용해주셔서 감사하다는 안내 방송과 함께 이런 홍보 노래가 나오는데, 다른 곳의, 다른 호선의 지하철에서도 종점 즈음에 가면 홍보 노래가 나오는지 궁금하다.

아직 해가 뜨기 전 어둑한 시간에 출근하던 어느 날 갑자기 이 인사를 왜 마지막 역에 왔을 때만 하는지 궁금해졌다. 당연하게도 마지막 역까지 이용해주는 이용객에게만 감사할 일은 아닌데 말이다. 시작 역에서 마지막 역에 이르는 사이에도 많은 사람들이 지하철을 타고 내리므로 이용해주셔서 감사하다는 인사는 마지막 역까지 가는 사람뿐만 아니라 중간에 타고 내리는 사람들에게도 해야 하는 건 아닌가 싶었다.

흔히 인생은 여행에, 죽음은 종착역에 비유된다. 마지막 종점이 있고, 우리는 그 도착점을 향해 하루하루를 살아가는데, 그 종착역은 죽음이다. 물론 《제7일》에서는 삶의 완성이 죽음 이후에 이루어지지만 말이다. 그리고 우리는 흔히 마지막에 감사했다고 인사하는 마무리를 꿈꾼다. 천상병 시인이 〈귀천〉에서 "아름다운 이 세상 소풍 / 끝내는 날 / 가서, 아름다웠더라고 말하리라"라고 이야기했듯이. 하지만 오히려 삶의 마지막에 행복했다고, 감사했다고 말하려면 삶의 중간중간에 감사하다고 할 수 있어야 한다. 그렇게 해야 삶의 마지막 종착역에서 감사하다고 말할 수 있을 것이다.

어떤 생명은 태어나자마자 사망한다. 요즘 뉴스에서는 영아살해에 대한 보도가 많다. 이 이야기를 하자니 다음 문장을 쓰기까지 컴퓨터의 커서가 100번은 깜박인 것 같다. 모두에게 슬픈 일이 아닐 수 없다. 어떤 사람들은 영아살해죄를 없애고 보통 살인죄와 같이 처벌을 강화해야 한다고 주장하고, 어떤 사람들은 낙태죄를 없애야 한다고 소리 높인다. 형법상 영아 살해는 특별히 참작할 만한 동기가 인정되는 경우 일반 살인죄에 비해 형을 감경해 처벌한다.

형법 제250조(살인, 존속살해)에서는 사람을 살해한 자는 사형, 무기 또는 5년 이상의 징역에 처하며, 자기 또는 배우자의 직계존속을 살해한 자는 사형, 무기 또는 7년 이상의 징역에 처한다. 형법 제251조(영아살해)에서는 직계존속이 치욕을 은폐하기 위하거나 양육할 수 없음을 예상하거나 특히 참작할 만한 동기로 인해 분만 중 또는 분만 직후의 영아를 살해한 때에는 10년 이하의 징역에 처한다.

어떤 사람은 정자와 난자가 수정되면 인간이라고 말하기도 하고, 다른 사람은 수정란이 모체의 자궁 내막에 착상이 되어야 인간이라고 주장하며, 법에서는 분만이 시작되거나 모체로부터 독립되어야 인간이라고도 한다. 사망한 영아의 시체가 발견되면 법의학자는 그 아이가 태어나기 전에 사망했는지 태어난 후에 사망했는지를 밝히는 것이 우선 중요하다. 태어나기 전에 사망했다면, 그 아이를 사망하게 한 사람에게 낙태죄를 적용해야 할 가능성이 크고, 그 반대의 경우라면 살인죄를 적용해야 한다. 따라서 법의학자는 부검을 통해 그 아이의 임신 주수인 재태주령이 얼마나 되는지 평가해야 한다. 그리고 그 아이가 이 세상에 나와 호흡을 했는지 확인해야 한다.

간혹 사람들이 어떤 부검이 특히 어렵냐고 내게 물어볼 때가 있다. 이 경우 대답은 어떤 어려움을 이야기하는지에 따라 다를 수 있다. 부검을 담당하는 법의학자마다 다를 수 있지만, 많은 법의학자들이 영아 부검을 가장 어렵게 생각하고, 나 역시 그렇다. 부검의 난이도나 부검 소견에 대한 해석의 난해함도 그렇지만, 무엇보다 감정적인 어려움도 크다. 아이를 키우고 있는 아버지로서 영아 부검은 되도록 하고 싶지 않고, 늘 어렵기만 하다.

태어나자마자 사망하는 생명이 있다면, 장애를 안고 태어나는 생명도 많고, 특정 질환을 갖도록 예정된 채로 태어나는 생명도 있다. 요즘 나는 과거에 부검했던 증례 중에서 학술지에 증례 보고를 하기 위해 좀 더 공부하는 질환이 있다. 이 질환은 X염색체에 존재하는 특정 유전자의 돌연변이로 인해 근육세포의 손상을 유발하고, 이 유전자의 돌연변이가 있는 환자는 걸음마를 시작하는 두세 살부터 증상이 발현되기 시작해 뒤뚱거리며 걷고 자주 넘어지다가 열 살 즈음이 되면 휠체어에 의

존해야 한다. 스무 살 즈음이 되면 횡경막의 근육 세포까지 침범되어 기계 호흡이 아니고서는 숨을 쉬기 어려워진다. 이처럼 적절하게 관리해도 40세 즈음에는 심장이나 호흡부전으로 인해 사망에 이른다.

망인은 20대 후반의 남성으로, 어려서부터 보행장애가 있었고, 초등학교에 입학하기 전에 뒤셴형 근위축증 진단을 받았다. 진단을 받고 1, 2년은 걸을 수 있었으나 곧 걸을 수 없게 되었고, 초등학교 고학년 즈음부터는 침대에 누워 생활해야만 했다. 나중에는 팔의 근육도 위축되어 손가락을 까딱하는 정도밖에 할 수 없었다. 말하고 음식을 먹을 수는 있었지만, 점차 숨을 쉬는 것조차 어려워져 기계 호흡을 통해 숨을 쉴 수밖에 없었다. 그렇게 생활하던 중 망인은 갑자기 사망한 채 발견되었다.

지금 이 책을 읽고 있다면 어찌 되었든 감사할 일이다. 언젠가 종점이 왔을 때 행복했다며 감사하려면 잘 지냈든 잘 지내지 못했든 오늘 하루 지냈음을 감사해야 한다. 마지막 역에 도착하기 전에 중간중간에 감사해야 한다.

죽음을 종착역으로 하는 우리 삶에서 감사는 마지막 역에서만이 아니라 중간중간의 삶 속에서 해야 한다. 오늘도, 내일도 내 삶에 감사하다고 스스로 다짐하듯이 말해야 한다. 폴 발레리의 시 〈해변의 묘지〉의 시구처럼 하루하루의 삶 중에서 의지를 놓지 말아야 한다.

"바람이 분다. 살아야겠다."

죽음으로 완성되는 삶
검시제도

흔히 "죽은 자는 말이 없다."라고 말한다. 죽은 자는 말이 없다. 말을 하고 있다면 죽은 자가 아니니라. 《제7일》에서 죽은 자들은 '죽었지만 매장되지 못한 자들의 땅'에서 말을 하고, 서로 대화를 하며 사망 전에 겪었던 아픔을 치유하고 삶을 정리해 그들의 삶과 사랑을 완성한다.

우리는 지금 세계에서 마무리된 그들의 삶을 어떻게 완성할 수 있을까? 《제7일》에서 양페이가 다른 망자들과 서로 이야기를 나누며 자신의 삶을 완성했듯이 우리도 그들의 무언의 말을 들어야 한다. 죽은 자들의 말을 듣기 위한 제도가 검시제도다. 검시제도는 우리 사회가 어떤 절차로 죽은 이들의 말을 들을지에 대한 제도다.

말기 암과 같은 질병으로 병원에 입원해 있던 중 의학적으로 예상할 수 있는 경과에 따라 사망하는 사람의 경우 그 사람의 사망에 대해 특별히 조사가 이루어질 필요는 없다. 이런 경우에는 주치의가 그 사람의 사망을 진단해주면 된다. 그리고 그에 맞게 작성해주는 사망증명서가 '사망진단서'가 된다.

그러나 이런 사망을 제외한 다른 사망에서는 사인(死因)을 밝히는 것을 포함해 사망에 대한 조사가 필요하고, 이렇게 사망에 대한 조사가 필요한 죽음을 변사, 그리고 그 시신을 변사체라고 한다. 변사체가 발견되었다고 하자. 그러면 그 시체에 대한 조사가 필요하다. 시신에 대한 조사는 누가 해야 할까? 형사소송법 제222조에 의하면 검시(檢視)의 주체인 그 소재지를 관할하는 지방검찰청 검사가 검시, 즉 시신을 조사해야 한다. 사실 조금 뜬금없다. 검사가 시체를 조사해야 한다니 말이다. 검사가 의사는 아니지 않은가.

여기에는 검시(檢視)와 검시(檢屍)가 달라서 생기는 오해가 있다. 형사소송법에서 말하는 검시는 사망을 조사하는 검시(檢視)다. 물론 사망을 조사하는 검시(檢視) 안에는 시체를 검사하는 검시(檢屍)도 포함된다고 할 수 있다. 다만, 검사가 시체를 검사하는 것에 익숙하지 않을 수 있겠다. 의사가 아니기 때문에 당연하다. 따라서 대부분의 검시(檢屍)는 검사가 아닌 경찰이 하는 경우가 많다. 하지만 경찰도 의사는 아니기에 여기에도 문제는 있다.

그래서 수사기관의 검시(檢視)에는 의사의 검시(檢屍)가 필요하다. 의사가 검시(檢屍)의 일환으로서 시체를 해부하지 않고 검사한 후 작성해 주는 사망증명서가 '시체검안서'다. 그런데 법의학을 전공하지 않은 의사가 시체를 검사하고 시체검안서를 작성해 주는 것에도 문제가 있다. 왜냐하면 시체를 검사하는 법을 의대생일 때 배우지 못했을 가능성이 크기 때문이다. 우리나라에는 40개의 의과대학이 있는데, 이 중에서 법의학을 전공한 교수가 재직하고 있는 법의학교실이 있는 학교는 10여 개 남짓이다. 그리고 법의학 과목이 의사고시에 들어 있지도 않다. 시험을 보지 않으니 공부하지 않는다. 당연히 상당수의 의사가 시체를 검사하는 방법을 배우지 못했을 가능성이 크다. 심지어 의료법 제17조에서는 의사뿐만 아니라 치과의사 및 한의사도 검안서를 작성할 수 있는 것으로 규정하고 있어서 심각하다.

그리고 이런 검시(檢屍)는 살인과 같은 사법체계 안에서만 필요한 것은 아니다. 우리나라는 살인에 의한 사망이 적은 나라로서 매우 안전한 나라에 속한다. 오히려 적절한 검시(檢屍)와 검시(檢視)는 보험 등 사적 영역에서 더욱 많이 필요하다. 이런 검시제도와 관련해서는 저자의 책 《죽은 자의 말을 듣는 눈》을 참고하면 좋겠다.

간단한 사인
간단하지 않은 죽음

2003년 영화 〈바람난 가족〉을 보면, 변호사인 주인공의 아버지가 피를 토하며 사망하는 장면이 나온다. 그는 만성적인 음주로 인해 간경변증이 있는 환자였고 복수로 인해 배가 산처럼 커져 있었다. 이미 복수가 동반된 간경변증이 있는 환자였기 때문에 더 이상 금주한다고 해도 간이 회복될 수는 없었다. 1628년 《동물들에서 심장과 혈액의 움직임에 관한 해부학적 실체》라는 책을 통해 윌리엄 하비가 발표했듯이 피는 심장으로부터 나와서 동맥과 정맥을 거쳐 다시 심장으로 들어간다. 그러나 간이 딱딱하게 굳어진 간경변증의 상태가 되면 혈액은 간을 통해 심장으로 돌아가지 못하게 된다.

하지만 어떻게든 피는 다시 심장으로 돌아가야 한다. 그래야 다시 심장이 피를 뿜어낼 수 있고 우리가 살 수 있기 때문이다. 따라서 간을 통해 심장으로 돌아가지 못하는 피는 다른 경로를 통해 심장으로 돌아가게 되는데, 가장 선호되는 다른 경로는 간 옆에 있는 식도이다. 내장에서 각종 영양분을 흡수한 혈액은 식도에 있는 작은 정맥들을 통해 가슴으로 올라가 심장으로 들어가게 되는데, 원래 식도에 있는 정맥들은 이런 일을 하라고 있는 혈관들이 아니었다. 그렇게 만들어진 혈관이 아닌데, 다량의 혈액이 간을 우회해서 들어오게 되니 식도의 혈관들이 어쩔 수 없이 확장되고, 결국에는 이것을 감당하지 못하는 상태가 되면 식도에 있는 정맥들이 파열된다. 그러면 토혈을 하며 사망하는 것이다. 영화에서 주인공의 아버지는 그렇게 사망했다.

그는 40대 남성이었다. 그는 왜소한 체격으로 수년 전에 A형 간염 진단을 받았고 그밖에 알코올중독자로 알코올성 간 질환을 앓고 있었다. 결혼은 하지 않았고, 어머니와 함께 살았다. 수년 전에도 그는 흑색 변을 본 적이 있었는데, 9월의 어느 수요일 밤에 집에서 피를 토했다. 몇 차례에 나누어 피를 토했는데, 한 대야 정도나 되는 양이었다. 그리고 다음날인 목요일 밤에 119로 신고가 들어왔고 경찰의 공동 대응이 이루어졌다. 신고 내용은 어젯밤에 아들이 피를 토했는데, 지금 의식은 있지만, 아들이 오늘 화장실을 갔다 온 뒤로 거동을 하지 못한다는 것이었다.

119가 현장에 도착해보니 그는 화장실 앞에 하늘을 보며 누워 있는 상태였고, 호흡과 맥박이 확인되었지만 매우 약했다. 의식의 정도를 확인하기 위해 팔 안쪽을 꼬집어보았더니 통증에 반응하는 정도의 의식 상태였다. 가족인 어머니의 말을 들어보니 오늘은 토혈하지 않았고, 방에 누워 있는 것이 편하다며 토요일에는 병원에 가겠다고 해서 방으로 들어갔는데, 나중에 거실에 나와 보니 아들이 쓰러져 있었다고 했다. 119구급대원은 그를 곧바로 병원으로 이송했는데, 이송 도중 병원 도착 10분 전에 심정지가 발생했고 심폐소생술을 시행하며 병원에 도착했지만, 이후 30분가량의 심폐소생술에도 그는 소생하지 못하고 사망했다. 병원에서 시행한 검사상 혈색소는 4g/dl(데시리터당그램) 정도로 확인되었다. 혈색소의 정상 수치는 남성의 경우 13~16g/dl 정도이니, 4g/dl 정도이면 그는 이미 쇼크 상태였다. 의학적으로 볼 때 그는 토혈에 의해 저혈량성 쇼크가 생겨서 사망한 것으로 판단할 수 있었다.

응급실에서 사망진단서가 발행되었고, 이런 의학적 판단에 따라 직접사인은 '저혈량성 쇼크'로 작성되었으며, 직접사인의 원인은 '토혈'로 기재되었다. 그러나 사망의 종류는 '병사'가 아닌 '기타 및 불상'으로 작성되었다. 그를 마지막으로 진료했던 의사가 사망의 종류를 병사로 기재하지 않았던 이유는 다른 의료기록에서 확인할 수 있었다. 그의 사망은 토혈에 의해 발생한 저혈량성 쇼크에 의한 사망이라는 점에서 병사에 합당하지만, 증상의 발생 시간이 26시간 전이었기 때문에 이에 대해서는 경찰 조사가 필요하다는 것이 그를 마지막으로 진료한 의사의 생각이었다.

그런데 그가 그의 삶에서 마지막으로 진료를 받은 대학병원이 아닌 다른 한 의원에서 시체검안서가 새롭게 발행되었다. 그 시체검안서에서도 사인은 대학병원에서 발행된 사망진단서의 그것과 같았다. 이런 상황에서 사인에 대한 의학적 판단은 어렵지 않다. 간단한 사인이다. 그는 토혈에 의한 저혈량성 쇼크에 의해 사망한 것이다. 그러나 사망의 종류는 다르게 기재되었다. 이번에는 '병사'로 작성되었다. 그가 사망하고 5일 후에 경찰의 변사사건에 대한 결정이 이루어졌는데, 병사로 판단된 새로운 시체검안서 때문인지 그의 사망에서 타살 정황 등

범죄 혐의점이 없는 것으로 판단되어 입건 전 조사종결, 즉 혐의 없음으로 마무리되었다.

한참 후에 보험회사에 질병에 의한 그의 사망 보험금이 청구되었다. 그의 어머니가 보험금을 청구한 것이었다. 그런데 청구서를 받은 보험회사는 의문이 생겼다. 그가 사망하기 전날에 그 정도로 피를 토했으면, 그리고 여느 어머니였다면 병원 응급실로 아들을 데리고 가는 것이 당연할 것 같았다. 아니, 적어도 다음날이라도 병원에 데리고 가는 것이 일반적일 것 같았다. 그런데 보험금 청구 서류를 보니 그렇게 피를 토한 다음날 그는 아르바이트하러 출근했다고 하고, 보험설계사였던 그의 어머니는 그가 일하고 있는 식당에 찾아가서 자필 서명을 받아 질병 후유장애 위주로 2억 원 보험금의 보험에 가입했다고 되어 있었다. 그리고 그는 초회 보험료가 납입되고 8시간 이후 사망했다.

어떻게 이런 일이 이루어질 수 있었을까? 그가 사망한 날 추가로 시체검안서를 발부한 의사는 대한법의학회에서 법의학 전문가라고 인정하는 법의학 인정의 자격이 없는 의사였다. 법의학회에서 인정하는 자격이 없는 의사도 시체검안서를 작성할 수 있느냐고 묻는다면, 그렇다. 우리나라 의료법에서 시체검안서를 작성할 수 있는 자격은 의사, 치과의사, 한의사로 규정되어 있다. 즉 의사이기만 하면 시체검안서를 작성할 수 있다. 치과의사나 한의사도 시체검안서를 작성할 수 있다.

병원쇼핑이라는 말이 있다. 국어사전의 정의에 따르면 쇼핑을 하듯이 여러 곳의 병원을 옮겨 다니는 일, 또는 그런 태도나 현상을 말하는 단어다. 우리나라는 병원의 문턱이 매우 낮은 나라이기 때문에 이런 단어가 만들어진 것이리라. 그런데 질병에 대한 치료뿐만이 아니다. 사망을 진단하는 것에서도 그렇다. 내 마음에 맞는 시체검안서를 받을 때까지 망인에 대한 사망 진단을 받으면 그만이다. 이런 검시제도, 괜찮은 걸까?

우리는 어떻게 존재하는가

변신

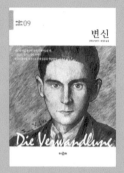

나는 스스로
존재하는가

류시화 작가의 책 《인생우화》에서는 스스로를 지혜 있는 사람이라고 생각하지만, 어리석은 사람들이 모여 사는 헤움이라는 마을에 살고 있는 제빵사 헤르셸이라는 남자의 이야기가 나온다.

그는 스스로에게 '나는 누구인가?' 라고 묻곤 했는데, 그는 그가 빵 굽는 일을 사랑하는 사람이라는 점에 자부심을 가지고 있었다. 그런데 문제가 있었으니, 제빵 옷을 입고 있을 때는 누구나 자신이 제빵사 헤르셸이라는 점을 알아볼 수 있었지만, 모두가 옷을 벗고 있는 공중목욕탕 안에서는 다른 사람과 자신을 구분할 수 있는 무엇이 없다는 점이었다. 공중목욕탕에서 발가벗은 채로 자신을 잃어버리게 될지도 모른다는 두려움 앞에 깊은 고민에 빠진 그는 한 가지 아이디어를 생각해냈는데, 그것은 오른쪽 손목에 붉은 실을 묶는 것이었다. 그는 이것이 자기가 빵을 굽는 헤르셸이라는 것을 증명하는 징표라고 했다.

그러던 어느 날 한 외지인이 그 마을에 이주해 왔다. 직업이 목수였던 이 남자는 로마에 가면 로마법을 따르라는 말처럼 이 마을에 빨리 적응하고 싶은 마음에 늘 주위를 살펴보았고, 다른 사람이 하는 대로 따라했다. 어느 날 그는 공중목욕탕에 갔는데, 빵장수 헤르셸이 목욕탕에 들어가기 전에 오른쪽 손목에 붉은 실을 묶고 있는 것을 보았고 이상한 풍습이라고 생각했지만, 그대로 따라했다.

긴 시간 목욕을 하던 중 붉은 실이 풀어진 줄도 모르고 목욕을 마치고 나온 제빵사 헤르셸은 자신이 빵장수 헤르셸이 맞는지 다시 한 번 확인하기 위해 오른쪽 손목으로 시선을 돌렸다. 그런데 당연히 있어야 할 붉은 실이 없었다. 그는 당황했다. 마침 헤르셸은 그 앞을 지나가는, 오른쪽 손목에 붉은 실을 묶은 목수와 눈이 마주쳤다. 헤르셸은 그 목수에게 이렇게 말했다.

"친구여, 나는 당신을 전에 한 번도 본 적이 없지만, 당신이 누구인지 압니다. 당신은 바로 나입니다. 오직 빵장수 헤르셸만이 목욕탕에 들어갈 때 손목에 붉은 실을 묶기 때문입니다. 그런데 만약 당신이 빵장수 헤르셸이라면, 내가 누구인지 말해 주실 수 있겠소?"

성경에는 모세가 하나님을 만나는 장면이 나온다. 모세는 히브리인으로 태어나 이집트 공주의 아들로 자라난다. 어느 정도 장성한 후에 이집트 사람이 동족인 히브리인을 때리는 것을 본 그는 좌우를 살펴 사람이 없는 것을 확인한 다음 이집트 사람을 쳐서 죽이고 시신을 모래 속에 묻어 숨긴다.

이 사건으로 말미암아 그는 광야로 도망가는데, 도망하는 사연도 범상치 않다. 살인이 있은 지 이틀날 그가 다시 궁 밖으로 나가 히브리인들이 사는 곳에 갔는데, 두 히브리인이 서로 싸우는 모습을 보고 그가 잘못한 사람을 힐책하니, 힐책을 당하는 히브리인이 모세에게 당신이 뭔데 끼어드느냐면서, 당신이 이집트 사람을 죽인 것처럼 나도 죽이려 하느냐고 따진다.

이 말에 자신의 살인이 완전범죄인 줄 알았던 그는 충격을 받는다. 알고 보면 동족을 도와주려다 그렇게 된 것인데, 도리어 같은 동족이 자기에게 이렇게 말하니 적잖이 놀랐을 법도 하다. 결국 이집트의 파라오가 이 일을 듣고 그를 죽이려고 찾아다니자 그는 광야로 도망쳤다.

도망 생활을 하던 중 그는 지금의 사우디아라비아 북서쪽 미디안이라는 곳에서 십보라라는 여자와 결혼하고 그곳에 정착해 살던 중 호렙이라는 산에서 하나님을 만난다. 불타는 떨기나무에 있는 하나님으로부터 이집트에서 히브리인들을 데리고 나와 약속의 땅으로 가라는 명령을 들은 그가 "저에게 명령한 분이 누구인지 다른 사람들에게 어떻게 소개해야 합니까?"라고 묻자 하나님은 자신을 "스스로 있는 자(I am who I am.)"라고 계시한다.

《변신》은 프란츠 카프카의 중편 소설로, 어느 날 아침 눈을 뜨고 나니 거대한 벌레로 변해버린 그레고르 잠자와 그를 둘러싼 가족들의 이야기를 다룬 소설이다. 사람의 인식은 그대로 남아 있으나 육체는 거대한 벌레로 변해버린 주인공을 통해 우리는 인간의 그리고 나의 존재 조건을 생각해볼 수 있다.

사람은 스스로 존재할 수 있을까? 나는 독립된 존재로서 존재하는 것일까, 아니면 다른 사람과의 관계 속에서 존재할까? 나의 한 부분씩 사라진다고 할 때 마지막까지 내가 나임을 증명하는 포기할 수 없는 한 부분은 무엇일까? 물론 제빵사 헤르셸의 붉은 실은 아닌 것이다. 삶이 무엇이냐는 질문에 주변인들과의 관계로부터 구성된 나의 삶, 그리고 나 자체로만 이루어진 나의 삶으로 구분해 답을 찾을 수 있다. 하지만 이 둘을 떼어 놓고 나의 삶과 존재를 설명하기는 어렵다. 하나님은 모세에게 '스스로 존재하는 자'라고 했는데, 이는 다른 존재에 자신의 존재를 의지하지 않는 자가 하나님이라는 것이다. 그래서 《웨스트민스터 신앙고백서》의 소요리문답에서는 신의 존재라는 속성을 이야기할 때 무한하고, 영원하고, 불변하는 속성을 가진 것으로 대답하고 있다.

실존주의는 이데아를 이야기했던 플라톤에게서 시작된 형이상학적 본질주의와 반대되는 철학 사조다. 물론 사람을 제외하고 다른 대상을 생각하면 본질주의라는 말이 합리적인 것으로 보인다. 어떤 대상에 대한 본질이 있고, 이런 본질에 맞는 대상이 존재한다는 것이다. 즉 자른다는 개념이 있기에 가위가 있다고 할 수 있다. 무언가를 자른다는 개념이 없는데 가위라는 대상이 만들어질 수 없다. 하지만 사람은 다르다. 실존이 본질에 우선한다. 이성적인 사고를 하며 인식할 수 있는 사람이 있기 때문에 이후에 사람의 본질을 고민하는 것이다. 사람은 사고하는 주체적 존재이기 때문이다.

그러면서도 사람은 단독으로 존재할 수는 없다. 태어나면서부터 사람은 관계 속에서 태어나고, 다른 사람과의 관계 속에서 살아간다. 인간이 진정으로 죽었을 때는 심장 박동이 멈춘 때가 아닌 아무도 나를 기억해주지 않을 때라고 할 수 있다. 관계 속에 존재를 의지하기 때문에 불타는 딸기나무에서 자신을 계시했던 신과 같이 사람을 스스로 있는 자라고 인정하기는 어렵다. 삶 속에서도 사람은 다른 사람을 의식하고 다른 사람의 욕망을 욕망하며 사는 존재이기 때문에 더욱 그렇다. 물론 실존주의 철학에서는 다른 사람에게 내 존재를 의지하는 것을 바람직하게 보지는 않는다. 나는 나로서 존재한다. 키르케고르가 말한 '신 앞에 선 단독자'와 같이 신과 나 사이에서 실존하는 나를 보든지, 아니면 대자적(對自的)으로 나 스스로 나와 대면해 나로서 존재하는 자가 되는 것을 바람직하다고 본다.

실존은 exist다. 이것은 ex와 ist로서 '벗어나 밖에 서 있는 것'을 말한다. ex는 exodus와 같이 라틴어로 '밖'을, ist는 라틴어 sum의 3인칭 현재 단수형인 est와 같이 '있다', '이다'라는 be 동사의 뜻이다. 따라서 존재한다는 실존주의는 이념적 본질으로부터 밖으로 빠져나와 있는 현실적 존재를 의미한다고 생각할 수 있다.

《변신》에서 벌레로 변한 그레고르는 가정의 생계를 책임지던 자신을 대신하여 취직을 한 아버지가 던진 사과에 등을 맞은 후 상태가 악화되어 사망한다. 하지만 그의 죽음은 단지 등에 맞은 사과 때문이라고 하기 어렵다. 어쩌면 벌레로 변해버린 자신을 돌봐주던 여동생의 보살핌이 시간이 지나면서 점점 소홀해졌던 것, 가족의 생계에 도움을 주던 하숙인들이 그레고르 자신 때문에 계약을 해지하려고 하자 자기를 적대하는 가족들의 증오와 같은 것이 그레고르를 죽게 했다고도 생각된다. 즉 가족들과의 관계 속에서 존재의 의의를 인정받았던 그레고르는 바로 그 관계가 무너지면서 사망에 이르렀던 것이다.

사르트르의 "타인은 지옥이다."라는 말을 되짚어본다. 요즘과 같은 SNS 시대에 관계에 집착해 타인의 평가에 너무 매몰되지 않고, 어떤 공동의 본질을 추구하기보다는, 거기에서부터 밖으로 나와 주변의 다른 실존들과의 관계 사이에서 개개인으로서의 나의 삶을 사는 것이 현명하다.

이처럼 타인과의 관계에서 수평적 실존이 있다면, 다른 한편으로 시간적 관계에서의 수직적 실존도 언급하는 것이 좋겠다. 시간의 흐름을 수직의 방향으로 본다면, 우리는 죽음이라는 끝을 향해 끊임없이 나아가고 있는 존재라고 할 수 있다. 한 번 죽는 것은 정해져 있다고 해서 죽음에 갇혀 살지 말고, 한 걸음 밖에 서 있는 삶을 살 수 있어야 한다. 그렇게 시간의 흐름에서 밖으로 빠져나와 exist한다면 죽음에 매몰되지 않고, 허무에 빠지지 않고 자신의 삶을 살 수 있을 것이다. 죽음은 삶의 진리를 깨닫게 해주는 유용한 도구다. 과거가 현재를 침해하지 않도록 하고, 미래의 꿈을 가지며 현재를 충실히 사는 것이 시간 속에서 실존하는 것이다.

죽음을 인식하고 인정해야 하는 이유는 삶을 위해서다. 우리는 이 세상에 내 선택으로 태어난 것이 아니지만 여전히 그 삶에서의 선택은 내가 하는 것이다.

보라매병원
사건

내 수업 중에 학생들은 대부분 나의 죽음에 대한 나의 선택이 당연히 주어져 있는 것으로 생각한다. 하지만 나의 죽음에 대한 나의 선택은 여러 사건을 통해 긴 시간을 걸쳐 비로소 최근에야 법적으로 보장되었다는 사실에 다들 신기해한다.

나의 죽음에 대한 나의 선택이 가능해지는 과정에서 중요한 두 가지 사건이 있었다. 보라매병원 사건과 김 할머니 사건이 그것이다.

보라매병원 사건부터 들여다보자. 1997년 12월 4일 오후 2시 30분경, 환자는 자신의 주거지에서 술에 취한 채 화장실을 가다가 중심을 잃어 기둥에 머리를 부딪히고 시멘트 바닥에 넘어지면서 머리에 충격을 입어 경막상출혈, 즉 뇌를 싸고 있는 막 중에서 경막 바깥쪽과 머리뼈 안쪽 사이에서 출혈이 발생했다. 환자는 보라매병원으로 응급 후송된 이후 같은 날 오후 6시 5분부터 다음 날 새벽 2시 30분까지 혈종 제거 수술을 받았는데, 수술을 받은 다음 날 새벽 4시경 대광반사가 확인되고 이름을 부르면 스스로 눈을 뜨려고 하는 등 상태가 호전되는 모습을 보였다. 대광반사는 눈에 빛을 쪼이면 동공이 작아지는 반사로 광반사라고도 하며, 뇌사 판정의 기준 중 하나인 뇌간 반사의 소실을 확인하기 위한 검사 중 하나다.

의식의 수준을 평가하는 글라스고우 혼수 척도 기준으로는 말에 의해 눈을 뜨는 정도로 3점이었고, 운동 반응에서는 통증을 가하면 그 위치로 손과 발을 이동하거나 제지하는 등의 반응을 보여 운동 점수는 5점이었다. 다만 뇌수술에 따른 뇌부종으로 환자는 자가호흡을 하기 어려운 상태였기 때문에 인공호흡을 위한 산소호흡기를 부착한 상태였고, 이는 12월 6일까지 이어졌다.

그런데 환자의 부인은 당시까지 260만 원의 치료비뿐만 아니라 추가 치료의 지출이 부담스러웠고, 지난 17년 동안 무위도식하면서 술만 마시고 가족들에게 구타를 일삼아 온 환자가 차라리 사망하는 것이 낫겠다고 생각해 담당 의사에게 12월 5일 오후 2시 20분과 오후 6시에 환자의 퇴원을 반복적으로 요구했다. 이에 대해 담당 의사는 지금 퇴원하면 환자가 사망하니, 치료비를 부담할 능력이 없으면 일주일 정도 기다렸다가 환자의 상태가 안정된 후 도망가라고까지 말했다.

하지만 보호자는 법적인 이의를 제기하지 않겠다는 귀가서약서에 서명하기까지 하면서 퇴원을 요구했고, 결국 퇴원이 허가되어 환자는 12월 6일 오후 2시에 퇴원했으며, 집으로 돌아온 후 인공호흡 보조장치가 제거된 뒤 5분도 되지 않아 환자는 사망했다.

이에 대해 서울고등법원은 2002년 2월 7일 선고에서 치료비 부담을 이유로 36시간 만에 환자를 퇴원시켜 인공호흡 장치를 제거함으로써 치료행위의 중단을 초래해 사망에 이르게 한 것으로, 환자의 배우자는 '부작위에 의한 살인죄'의 형법적 책임을 묻지 않을 수 없다고 했다. 아울러 담당 의사는 환자의 추정적 의사에 반하는 보호자의 경제적 부담을 이유로 한 퇴원 요구에 응해 경솔하게 생존 가능성이 있는 환자를 퇴원시켜 그 생명을 포기하게 하는 결과를 초래했으므로 단순한 윤리적 책임뿐 아니라 현행법에 따른 책임을 묻지 않을 수 없다며 '작위에 의한 살인방조죄'로 판결했다.

이후 의료 현장에서는 방어적인 진료를 하는 경향이 심화되었고, '가망이 없는 퇴원'이 거의 불가능해졌다. 보호자가 퇴원을 강력하게 요구해도 의료 현장에서는 '회생 가능성'에 대한 판단이 모호하므로 심폐소생술 과정에서 적용된 인공호흡기를 쉽게 제거할 수 없게 되었고, 이에 따라 보호자와 의사 사이의 갈등은 더욱 깊어졌다.

회복 가능성이 없는 환자들에게 치료 종결이 선언되고 가망 없는 퇴원이라는 형식을 통해 퇴원함으로써 가족들이 지켜보는 가운데 죽음을 맞이하던 과거의 관례는 점점 더 어려워졌고, 환자는 중환자실에서 마지막까지 치료가 이어지다가 홀로 사망하는 경우가 많아졌다. 국민건강보험공단의 재정적 문제뿐만 아니라 가족들의 정신적·경제적 부담이 가중되었고, 과거에 치료 종결이 선언되었을 법한 환자들을 치료하기 위해 중환자실 침상이 사용되면서 정작 중환자실의 치료가 필요한 환자들은 중환자실 치료를 받기 어려워졌다. 환자 자신 역시 자기 죽음에 대한 자신의 의견을 피력할 기회는 상실되었다.

김 할머니의 마지막 시간

　이런 갈등은 김 할머니 사건으로 다른 국면을 맞이했다. 독실한 기독교 신자인 김 할머니는 15년 전 교통사고로 팔에 상처가 남게 된 후부터는 이를 남에게 보이기 싫어해 여름에도 긴 옷과 치마를 입고 다녔다. 병석에 누워 간호를 받으며 살아가는 사람의 모습을 보고 "나는 저렇게까지 남에게 누를 끼치며 살고 싶지 않고, 깨끗이 이 생을 떠나고 싶다."라고 말하는 등 신체적인 건강을 잃고 타인의 도움으로 연명되는 삶보다는 자연스러운 죽음을 원한다는 취지의 견해를 밝혀왔다.

　특히 3년 전 남편의 임종 당시에는 며칠 더 생명을 연장할 수 있는 기관절개술을 거부하고 그대로 임종을 맞게 하면서 "내가 병원에서 안 좋은 일이 생겨 소생하기 힘들 때 호흡기는 끼우지 마라. 기계에 기대어 연명하는 건 바라지 않는다."고 말하는 등 남편의 연명 치료 시행을 거부하고 자신에 대해서도 그런 연명 치료를 바라지 않는다는 명시적인 의사를 표명했다.

할머니는 당시 만 76세로 폐종양 진단을 위해 기관지 내시경으로 조직검사를 받았는데, 조직검사 도중에 일어난 출혈로 인해 저산소성 뇌손상이 발생했고 2008년 2월 18일 심폐 정지가 발생한 후 미간의 두드림이나 큰 소리에 반응하는 정도의 상태에 있다가 2월 22일경 검사에서 자발호흡과 동공반사가 없는 등의 소견이 있어 저산소성 뇌 손상으로 인한 미만성 뇌부종으로 진단되었다. 그 후 2월 25일 신경학적 검사에서 여전히 자발호흡과 동공반사가 없는 반혼수 상태로 진단되었고, 4월 18일 뇌파검사 등에서 심한 미만성 뇌 기능 이상 소견을 보였으며, 7월 3일경 검사에서는 의식상태가 계속 악화되고 있는 것으로 진단되었다.

2008년 10월경 동공이 수축된 상태로 빛에 거의 반응을 보이지 않았고 대광반사가 없는 채로 뇌 MRI 검사상 뇌가 전반적으로 위축을 보이고, 대뇌 피질이 파괴되어 있으며, 뇌간 및 소뇌도 심한 손상으로 위축되어 있었다. 다만 뇌간 및 시상의 일부 산발적인 기능으로 인해 눈뜨기와 팔다리의 반사적인 운동을 보이는 것으로 진단되었다.

이에 대해 주치의는 자발호흡은 없지만 뇌사 상태는 아니며, 지속적 식물인간 상태로서 의식을 회복할 가능성은 5퍼센트 미만이라고 밝혔고, 서울고등법원에서는 2009년 2월 10일 선고에서 환자는 이미 회생 가능성이 없는 비가역적인 사망 과정에 진입한 것으로 보는 것이 옳다고 판단했다.

병원에서는 이 선고에 불복해 대법원에 상고했다. 이에 대해 2009년 5월 21일 대법원은 인간의 생명은 고귀하고 생명권은 헌법에 규정된 모든 기본권의 전제로서 기능하는 기본권 중의 기본권이지만, 인간의 생명 역시 인간으로서의 존엄성이라는 인간 존재의 근원적인 가치에 부합하는 방식으로 보호되어야 할 것으로 보았다. 따라서 이미 의식의 회복 가능성을 상실해 더 이상 인격체로서의 활동을 기대할 수 없고 자연적으로는 이미 죽음의 과정이 시작되었다고 볼 수 있는 회복 불가능한 사망의 단계에 이른 후에는 의학적으로 무의미한 신체 침해 행위에 해당하는 연명치료를 환자에게 강요하는 것은 오히려 인간의 존엄과 가치를 해하는 것으로 판단했다.

이와 같은 예외적인 상황에서는 죽음을 맞이하려는 환자의 의사결정을 존중해 환자의 인간으로서의 존엄과 가치 및 헌법 제10조에서 규정한 개인의 인격권과 행복추구권을 보호하는 것이 사회상규에 부합되고 헌법 정신에도 어긋나지 않는다고 본 대법원은 회복 불가능한 사망의 단계에 이른 후에 환자가 인간으로서의 존엄과 가치 및 행복추구권에 기초해 자기결정권을 행사하는 것으로 인정되는 경우에는 특별한 사정이 없는 한 연명 치료의 중단이 허용될 수 있다고 판시했다.

회복 불가능한 사망의 단계는 의식의 회복 가능성이 없고, 생명과 관련된 중요한 생체 기능의 상실을 회복할 수 없으며, 환자의 신체 상태에 비춰 짧은 시간 내에 사망에 이를 수 있음이 명백한 경우를 의미한다. 대법원에서는 김 할머니의 경우 진료 기록 감정에서 자발호흡이 없어 일반적인 식물인간 상태보다 더 심각해 뇌사상태에 가깝다는 감정 결과 등을 종합해 회복 불가능한 사망의 단계에 진입했다는 고등법원의 판단에 위법함이 없다고 판단했고, 할머니에게 연명의료는 중지되었다.

하지만 다른 소수 의견도 존재했다. 그중 하나는 김 할머니가 회복 불가능한 사망의 단계에 있다고 단정할 수 없다는 것이었다. 실제로 인공호흡기가 제거된 다음 할머니는 201일을 더 사신 후에 사망하셨다. 6개월 넘게 살다가 사망하셨는데, 이를 두고 당시에 할머니가 짧은 시간 내에 사망에 이를 수 있음이 명백한 상태였다고 하기는 어려울 것이다.

그리고 환자에게 보장되는 자기결정권 역시 권리 중 하나일 뿐이므로 타인의 권리를 침해할 수 없고 헌법 질서에 위반되지 않는 범위에서만 보호받을 수 있다. 그런데 이미 장착된 생명유지 장치를 제거하는 것은 의사의 생명 보존 의무에 반하는 것이라고 볼 가능성이 있고, 특별한 사정이 없는 한 앞선 보라매병원 사건과 같이 자살에 관여해 이를 돕는 행위로 볼 수 있다는 의견도 있다. 더구나 담당 주치의가 당시에 환자를 지속적 식물인간 상태로 보고 있었다는 점을 고려하면 환자의 자기결정권이 오히려 의사에게 환자의 사망 시기를 앞당기도록 하는 특정 행위를 강요하는 것이 될 수 있다는 점에서 이렇게 생각할 수 있을 것이다.

이 사건 후 10년 넘도록 토론과 다른 판단이 이어졌고, 2018년 2월 4일부터 회생의 가능성이 없고, 치료에도 불구하고 회복되지 않으며, 급속도로 증상이 악화되어 사망이 임박한 상태인 임종 과정에 있는 경우에 자기의 선택을 존중받을 수 있는 길이 법적으로 보장되었다. 그것이 건강할 때 내가 내 의지로 작성할 수 있는 사전연명의료의향서다.

연명의료결정서와
사전연명의료의향서

내 수업을 듣는 학생들은 수업 중에 과제를 하나 받는데, 그것은 사전연명의료의향서 작성을 위한 상담이다. 사전연명의료의향서는 연명의료결정법이라고도 불리는 '호스피스·완화의료 및 임종 과정에 있는 환자의 연명의료 결정에 관한 법률'에 의한 서식 중 하나다.

여기에는 두 가지 서식이 있는데, 하나는 연명의료계획서이고, 다른 하나가 사전연명의료의향서다. 연명의료계획서는 적극적인 치료에도 불구하고 근원적인 회복 가능성이 없고 점차 증상이 악화되어 수개월 이내에 사망할 것으로 예상되는 말기 환자의 의사(意思)에 따라 담당 의사가 환자에 대한 연명의료

<개정 2019. 3. 26.>   (앞쪽)

연명의료계획서

※ 색상이 어두운 부분은 작성하지 않으며, [ ]에는 해당되는 곳에 √표를 합니다.

※ 등록번호는 의료기관에서 부여합니다.

등록번호		

환자	성 명		주민등록번호
	주 소		
	전화번호		
	환자 상태	[ ] 말기환자	[ ] 임종과정에 있는 환자

담당의사	성 명	면허번호
	소속 의료기관	

호스피스 이용	[ ] 이용 의향이 있음	[ ] 이용 의향이 없음

담당의사 설명 사항 확인	설명 사항	[ ] 환자의 질병 상태와 치료방법에 관한 사항
		[ ] 연명의료의 시행방법 및 연명의료중단등결정에 관한 사항
		[ ] 호스피스의 선택 및 이용에 관한 사항
		[ ] 연명의료계획서의 작성 · 등록 · 보관 및 통보에 관한 사항
		[ ] 연명의료계획서의 변경 · 철회 및 그에 따른 조치에 관한 사항
		[ ] 의료기관윤리위원회의 이용에 관한 사항
	확인 방법	위의 사항을 설명 받고 이해했음을 확인하며, 임종과정에 있다는 의학적 판단을 받은 경우 연명의료를 시행하지 않거나 중단하는 것에 동의합니다
		[ ] 서명 또는 기명날인 년 월 일 성명 (서명 또는 인)
		[ ] 녹화
		[ ] 녹취
		※ 법정대리인 년 월 일 성명 (서명 또는 인)
		(환자가 미성년자인 경우에만 해당합니다)

환자 사망 전 열람허용 여부	[ ] 열람 가능	[ ] 열람 거부	[ ] 그 밖의 의견

「호스피스 · 완화의료 및 임종과정에 있는 환자의 연명의료결정에 관한 법률」 제10조 및 같은 법 시행규칙 제3조에 따라 위와 같이 연명의료계획서를 작성합니다

년   월   일

담당의사   (서명 또는 인)

중단 등을 결정하는 사항을 작성하는 서식이다. 따라서 연명의료계획서의 작성 주체는 의사이고, 대상은 말기 환자다.

이에 반해 사전연명의료의향서는 19세 이상의 성인이 자신이 연명의료를 시행 받아야 할 상황이 되었을 때 연명의료를 받을지 혹은 받지 않을지를 미리 정하는 서류다. 따라서 사전연명의료의향서의 작성 주체는 본인 자신이고, 말기 환자 상태가 아니라 건강할 때 상담을 받고 작성하는 서류다. 물론 한번 결정했다고 해서 바꿀 수 없는 것은 아니고 언제든지 본인의 의사에 따라 바꿀 수 있다. 만약 만성적인 질병에 의해 말기 환자가 된다면, 의식이 있는 한 그때 다시 바꿀 수 있다. 따라서 사전연명의료의향서를 작성하는 것은 교통사고나 뇌출혈과 같이 예상할 수 없는 상태에서 갑자기 연명의료 시행 여부가 결정되어야 하는 상황에 빠졌을 때를 대비하는 서류라고 할 수 있고, 내가 건강하고 합리적인 생각을 할 수 있을 때 천천히 고심해서 미리 작성하는 것이 좋다.

나는 내 수업을 수강하는 학생들에게 젊은 시기에 이런 고민을 해볼 수 있도록 사전연명의료의향서 작성을 위한 상담을 과제로 내준다. 물론 등록을 강요하는 것은 아니다.

■ 호스피스·완화의료 및 임종과정에 있는 환자의 연명의료결정에 관한 법률 시행규칙 [별지 제6호서식]

<개정 2019. 3. 26.>

(앞쪽)

사전연명의료의향서

※ 색상이 어두운 부분은 작성하지 않으며, [ ]에는 해당되는 곳에 √표시를 합니다.
※ 등록번호는 등록기관에서 부여합니다.

등록번호		
작성자	성 명	주민등록번호
	주 소	
	전화번호	
호스피스 이용	[ ] 이용 의향이 있음	[ ] 이용 의향이 없음

사전연명의료 의향서 등록기관의 설명사항 확인	설명 사항	[ ] 연명의료의 시행방법 및 연명의료중단등결정에 대한 사항
		[ ] 호스피스의 선택 및 이용에 관한 사항
		[ ] 사전연명의료의향서의 효력 및 효력 상실에 관한 사항
		[ ] 사전연명의료의향서의 작성·등록·보관 및 통보에 관한 사항
		[ ] 사전연명의료의향서의 변경·철회 및 그에 따른 조치에 관한 사항
		[ ] 등록기관의 폐업·휴업 및 지정 취소에 따른 기록의 이관에 관한 사항
	확인	위의 사항을 설명 받고 이해했음을 확인합니다. 년 월 일 성명 (서명 또는 인)
환자 사망 전 열람허용 여부	[ ] 열람 가능	[ ] 열람 거부 [ ] 그 밖의 의견
사전연명의료 의향서 등록기관 및 상담자	기관 명칭	소재지
	상담자 성명	전화번호

본인은 「호스피스·완화의료 및 임종과정에 있는 환자의 연명의료결정에 관한 법률」 제12조 및 같은 법 시행규칙 제8조에 따라 위와 같은 내용을 직접 작성했으며, 임종과정에 있다는 의학적 판단을 받은 경우 연명의료를 시행하지 않거나 중단하는 것에 동의합니다.

작성일 년 월 일

작성자 (서명 또는 인)

등록일 년 월 일

등록자 (서명 또는 인)

210mm×297mm[백상지(80g/㎡) 보관 중질지(80g/㎡)]

내가 존재하는
이유

《변신》에서 그레고르 잠자는 왠지 모를 불안한 꿈에서 화들
짝 놀라 깨어났을 때 벌레로 변해버린 자신의 신체를 보고 다
시 한번 깜짝 놀란다. 한동안 침대에서 일어나 나오지도 못하
고 몸이 굳어 버린다. 그리고 벌레로 변해버린 그날 아침, 그레
고르는 침대 위에 누워 일어서지도 못하고 자신의 몸을 탐색한
다. 몸뚱이에 비해 빈약하기 짝이 없어 보이는 수많은 발과 철
갑처럼 단단한 등과 활 모양의 각질로 칸칸이 나뉜 둥그런 갈
색 배를 탐색한다. 그리고 처음에는 몸을 조절해 침대 밖으로
나오는 것도 어려웠던 그레고르였지만, 나중에는 천장에 매달
려 있는 것을 즐기는 정도로 벌레가 된 자신의 몸을 제어할 수

있게 된다.

성장(growth)과 발달(development)은 다른 말이다. 성장은 자라면서 몸이 점점 커지는 것을 말한다. 이와 달리 발달은 신체뿐만 아니라 정서나 지능 따위가 성장하거나 성숙하는 것을 말한다. 성장하지만, 발달하지 않을 수 있다.

막 태어난 신생아는 아무것도 할 줄 모른다. 하지만 우리보다 잘하는 것이 한 가지 있는데, 그것은 빠는 것이다. 막 태어난 아기가 엄마 젖을 빠는 모습을 보면 아기의 머리가 흔들릴 정도로 큰 힘으로 빠는 것을 볼 수 있다. 어느 누가 가르치지 않았는데도 치아도 없는 그 조그마한 입으로 엄마의 젖을 빠는 모습을 보면 참 놀랍다. 혀를 입천장에 붙여서 입안 공간을 줄인 후 혀를 떼면서 빠는 힘이 대단하다. 우리가 빨대를 빠는 정도와는 그 힘이 차원이 다르다.

그렇게 빠는 것 말고는 할 줄 아는 것이 없던 아기는 4주 정도가 지나면 상대방의 얼굴을 빤히 쳐다보고 소리에 반응한다. 12주 정도가 지나면 두 손을 잡는다. 손가락과 발가락을 빠는 등 자신의 몸을 탐색한다. 16주 정도가 지나면 이제 물체를 쥘 수 있다. 큰 소리로 웃으며 친숙한 이에게 미소를 지어 보이는 등 사회적 활동을 시작한다. 6개월이 지나면서 나와 대상을 인지하고 숨겨진 장난감을 찾는 등 대상연속성을 갖는다. 이제 눈앞에서 물건이 없어진다고 해도 그것이 존재하지 않는다고 생각하지 않는다.

연구에 따르면 생후 2년이 지나면 인간은 유인원과 달리 인간으로서 가지는 독특한 심리적 기능을 갖는다고 한다. 2년쯤이 지나면, 유아는 짧은 문장을 말하고 이해한다. 말하는 능력은 인간과 다른 동물을 구분하는 매우 강력한 기준이다. 그리고 생후 2년이 지나면 좋은 것과 나쁜 것을 구분하기 시작한다. 초보적이나마 선과 악을 구분하는 것이다. 나와 타인을 구분하고 이것은 무엇인지, 이것은 왜 이런지 물어본다. 침팬지의 디엔에이는 인간의 그것과 98.4퍼센트가 일치한다. 하지만 어린 개체는 물론이고 어떤 성인 침팬지라도 강아지가 무엇인지, 비가 왜 오는지 물어보지 않는다. 그렇게 우리는 한 명의 인간으로서 성장, 발달해 실존하게 된다.

자신을 탐색한 후 그레고르는 걱정한다. 실직 중인 아버지와 어머니, 여동생의 생활이 본인의 경제 활동에 의지하고 있었기 때문이다. 그리고 자신이 출근하지 못해 직장을 잃으면 처하게 될 가족의 난처한 상황을 예상하며 직장 상사가 집에 찾아오는 상황에서도 직장을 잃지 않기 위해 벌레의 몸을 가지고 무던히 애를 쓴다. 경제적 가치로 평가를 받고 경제적 존재로서 존재하는 사람이다. 그리고 벌레로 변신하며 그런 가치가 소실된 이후 그레고리 잠자는 가족에게 짐과 같은 존재가 되었고 가족들의 외면과 적대심 속에서 불행한 끝과 마주한다. 그러나 책의 마지막에는 그레고르가 없는 상황에서 남은 가족들은 행복하다. 오히려 그레고르가 처리된 다음 세 가족은 직장을 갖고 이사와 미래를 계획하며 희망을 마음속에 가득 채우고 외출을 한다. 행복과 희망을 이야기하지만 왠지 씁쓸한 이야기다.

책을 통해 나와 학생들을 돌아보게 된다. 좋은 대학에 가야 하고 취직할 수 있는 전공을 선택해야 한다. 학점을 잘 관리해야 하고 좋은 직장에 취직해야 한다. 지금 우리의 사회에서는 이렇게 경제생활을 할 수 있어야 존재의 가치를 인정받을 수 있는 것처럼 보인다. 어쩌면 실제로 노동보험공단에서 근무하며 노동력을 상실해 경제적으로 쓸모없게 된 노동자의 안타까운 현실을 보았던 카프카는 이 책을 통해 우리의 이야기를 하고 싶었는지도 모른다. 하지만 외판원으로서 항상 바쁘게 일하며 가족을 부양해야 했던 그레고르는 벌레로 변신한 이후 항상 그렇지는 못했더라도 때때로 창밖을 구경하고 방안을 돌아다니며 여유를 즐기기도 했다. 경제적 가치를 상실한 그였지만,

스스로 존재의 가치를 인정하고 시간을 보낸다.

다른 한편으로는 그레고르처럼 꼭 벌레로 변하지 않았더라도 내 경제적 가치를 상실하고 침상에 누워 연명치료를 받을지 받지 않을지를 선택해야 하는 상황에 놓이게 되었을 때의 나를 생각해본다. 그레고르가 경제적 가치를 잃어버리고 가족의 짐이 되었을 때, 그의 여동생은 이야기한다. 벌레가 되어버린 오빠가 차라리 집을 떠났다면, 자신은 오빠를 잃어버렸겠지만 추모하는 마음은 가질 수 있었을 거라고. 연명치료를 받을지 말지를 내가 건강할 때 생각해보는 것, 기분 좋은 상상은 아니지만 나를 위해 해야 할 생각이다. 그리고 예측할 수 없는 하루하루를 사는 우리의 삶에서 나를 위한 결정을 미리 하는 것이 현명하다. 나는 나 스스로 자신의 존재 가치를 인정하고 있지만, 그레고르처럼 그리고 경제적 문제 등으로 사망한 후 부검대 위에서 나를 만났던 많은 망자들처럼 내가 나에게 있는 경제적인 가치로 평가되고 있다는 점을 부인할 수도 없다는 생각에 씁쓸하다.

오늘은 나에게
내일은 너에게

오늘 내가 살고
있다는 것

앞에서 아홉 권의 책을 통해 죽음과 삶을 들여다보았고, 프란츠 카프카의 《변신》과 함께 실존주의의 관점에서 삶을 다루었다. 마지막으로 빅터 프랭클의 《죽음의 수용소에서》를 통해 삶을 이야기하면서 마무리하고자 한다.

《죽음의 수용소에서》는 제2차 세계대전 당시 유대인 학살로 악명이 높았던 나치 강제수용소에서 정신건강의학과 의사인 빅터 프랭클이 자신이 겪은 참혹한 현실을 건조하고 담담한 과학자의 시선으로 기록한 책으로, 인간다움이 무엇인지, 삶의 의미가 무엇인지, 어떻게 살아야 하고, 왜 살아갈 수 있는지 생각하게 한다.

사는 것은 쉽지 않다. 산다는 것은 시련을 감내하는 것이며, 살아남으려면 그 시련 속에서 어떤 의미를 찾아야 한다. 그리고 삶은 보호장구를 차고 건너는 외줄 타기와 같다. 어느 시대든 어느 곳이든 사는 것이 쉬웠을까. 절대적인 기준을 규정하기는 어렵지만, 보편적으로 인정할 수 있는 그 무엇을 생각할수는 있다. 하지만 나치의 강제수용소보다 살기 어려운 환경을 찾기란 쉽지 않을 것이다.

저자는 이 책에서 인간의 의지가 삶과 죽음에 미치는 영향을 강조했다. 그리고 삶에 대한 의지는 인류의 번영과 행복을 위한 기여처럼 거창할 것일 수도 있고 양자 얽힘의 이론을 밝히고 초끈이론을 증명하는 것처럼 어려운 것일 수도 있을 테지만, 역설적으로 삶에 대한 의지는 일상의 기적을 깨닫는 것으로도 충분할 수 있다. 하늘에는 해와 달이 뜨고 적당한 공기가 있어서 숨을 쉬고 있으며, 내 몸 안에서는 횡격막이 적절히 운동하고 있고, 그 덕분에 양쪽의 허파가 팽창과 수축을 반복하며, 폐포에서는 쉼 없이 산소와 이산화탄소를 교환하고 있다. 내 심장은 끊임없이 규칙적으로 뛰면서 내 몸속의 30조 개에 이르는 세포들에게 산소를 쉬지 않고 공급해주고 있다. 적당한 중력이 나와 내 주변에 작용하고 있어서 모든 것이 안정적으로 위치하고 있고 나를 지지해주고 있다. 이 기적과 같은 일들이 내일도 반복될 것이고, 숨을 한번 크게 쉬면서 이런 기적을 인식할 수 있다.

내가 무심코 가지고 있는 수많은 것들에 감사하는 마음을 갖고 삶에 나름의 목표를 세울 때, 그것은 삶에 의미를 부여하는 것이며, 그로써 삶에 강력한 의지가 될 수 있다. 삶이란 미래에 대한 기대이며, "왜 살아야 하는지 아는 사람은 그 어떤 상황도 견딜 수 있다."라는 말이 있다. 이것이 《죽음의 수용소에서》에서 빅터 프랭클이 로고테라피를 통해 우리에게 알려주는 것이기도 하다.

행복한 삶을
사는 것

《죽음의 수용소에서》를 이야기하면서 친나치주의자로 평가받기도 하는 마르틴 하이데거의 말을 인용한다는 것이 한편으로는 아이러니하지만, 실존주의 철학자인 그는 인간 개인은 세상에 던져진 존재라고 했다. 지금 이곳을 선택해서 이 세상에 태어난 사람은 없다. 나의 의지와 상관없이 이곳에 던져지듯이 태어난 것이다. 그렇다면 던져진 이 세상에서 어떻게 살아야 할까?

아리스토텔레스가 《니코마코스 윤리학》에서 밝혔듯이 인간의 삶에서 잘 사는 삶의 요건으로 필수적인 것이 행복이다. 당연하게도 불행하려고 사는 사람은 없다. 《죽음의 수용소에서》

에서도 강제수용소 안에서 수감자들은 신체적으로는 죽음의 상태에 가까웠지만 자신만의 행복을 찾아가며 정신적으로는 죽음이 아닌 삶을 살아갔다. 어떤 사람들은 타인을 위해 자신을 희생하면서 그들 자신을 위한 행복을 찾아 시련을 선택함으로써 각자의 삶을 의미 있고 목적 있는 것으로 만들었다. 물론 행복의 기준은 다양할 수 있다. 행복의 기준이 개인의 목적 성취일 수 있고, 가족 등 인간관계 속에서 생겨나는 행복일 수도 있다.

《달러구트 꿈 백화점》의 다음 구절을 인용할 수도 있다.

"지금의 행복에 충실하기 위해 현재를 살고, 아직 만나지 못한 행복을 위해 미래를 기억해야 하며, 지나고 나서야 깨닫는 행복을 위해 과거를 되새기며 살아야 한다."

거창하지는 않더라도 나와 모두의 삶이 행복감을 느끼는 하루하루가 되기를 바란다. 그리고 사는 것은 힘든 일이니 힘들 때 기도할 수 있는 대상이 있다면 힘든 세상을 살아가는 데 도움이 될 수 있을 것이다.

오늘은 나에게
내일은 너에게

로마의 공동묘지 입구에는 다음과 같은 문장이 새겨져 있었
다고 한다.

"Hodie mihi, cras tibi."

hodie는 '오늘'이라는 뜻의 라틴어다. mihi는 '나'를 뜻하는
ego의 단수 여격형으로 '나에게'라는 뜻이다. cras는 '내일'
이라는 뜻의 라틴어이며, tibi는 '너'를 뜻하는 tu의 단수 여격
형으로 '너에게'라는 뜻이다. 따라서 'Hodie mihi, cras tibi.'
는 '오늘은 나에게, 내일은 너에게'를 의미한다. 공동묘지에
쓰여 있는 말이라고 생각하니 조금 섬뜩하다. 오늘은 내가 죽
어서 공동묘지에 묻혀 있지만 내일은 너의 차례일 수 있다는

말이다. 'Memento mori.' 와 비슷한 의미다.

죽음은 언제 어디에나 있을 수 있기에 'Carpe diem.' 의 자세가 필요하다. carpe는 '잡다' 라는 뜻의 동사 carpo의 2인칭 단수 명령법으로 '(너는) 잡아라' 라는 뜻이다. diem은 '날', '하루' 라는 의미의 dies의 대격형으로 '날을' 이라는 뜻이다. 즉 'Carpe diem.' 은 "너는 날을 잡아라." 라는 뜻으로, 하루하루를 의미 없이 흘러가도록 두지 말고 잡으라는 뜻이다.

여기에 덧붙여 'Letum non omnia finit.' 를 이야기하고 싶다. letum은 '죽음' 이라는 뜻의 라틴어이고, non은 부정을 의미하는 라틴어 부사다. omnia는 '모든 것' 을 의미하는 omnis의 중성 복수 대격형으로 '모든 것을' 을 뜻한다. finit는 '끝내다' 라는 뜻의 동사로, 'Letum non omnia finit.' 는 '죽음이 모든 것을 끝내는 것은 아니다.' 라는 뜻이다.

이 책에서 지금까지 이야기한 것처럼 죽음이 모든 것을 끝내는 것은 아니다. 오히려 이 책 속의 많은 이야기를 통해 죽음으로써 죽은 자의 삶이 완성되기도 하고, 우리는 한 사람이 죽음으로써 많은 법적 문제가 발생하는 것을 보았다. 또한 남겨진 자는 죽은 자를 애도하며 치유받기도 하고, 그들은 그들의 남은 삶을 살아야 한다. 한편 죽은 자들은 우리에게 죽은 자신을 통해 배우라고 간절한 목소리로 무언의 말을 끊임없이 하고 있다. 법의학자인 나 역시 다른 임상 의사들처럼 환자를 본다고 생각한다. 다만 내가 보는 환자는 내게 말을 하지 않을 뿐이다. 내가 스스로 보고 그들의 말을 들어야 한다는 점이 다를 뿐이다. 죽음이 모든 것을 끝내는 것이 아니기에 우리는 죽은 자의 말을 들어야 한다.

앞의 문장들은 인생의 마지막에는 죽음이 있음을 인식하고 흘러가는 시간을 아껴 삶의 의미를 찾아 살라는 뜻을 담고 있다. 고통은 경험하지 않고 배울 수 없다. 바늘에 찔리는 깜짝 놀라는 느낌, 불에 데는 뜨거움을 경험하지 않고 말과 글로 배울 수 없다. 사실 우리는 모든 것을 경험으로 배우는지도 모른다. 책으로 읽어 지식을 배울 수 있지만, 그 지식들이 그리 오래 가지 않는다는 것을 우리는 잘 알고 있다. 지식보다는 감정의 기억이 오래 남고, 책으로 배운 지식에는 한계가 있다.

돌이켜보면 나는 내 삶을 바꾼 무거운 배움은 모두 경험을 통해 얻었다. 또한 한 번 눈으로 읽는 것보다는 반복적인 행동으로 익히는 것은 오래도록 자기 것이 된다는 것을 몸으로 깨달았다. 어렸을 때 배운 자전거 타기는 수십 년 동안 자전거를 타지 않더라도 내 몸이 기억하고 있고, 몇 번의 시도만으로도 다시 금방 잘 탈 수 있다.

우리는 어머니의 자궁 안에서부터 경험을 통해 지금의 내가 되었다고 할 수 있다. 그 많은 실수와 슬픔과 좌절과 성공과 행복의 경험이 모여 지금의 내가 되었다. 그래서 육체가 없고, 경험이 없고, 관계가 없는 인공지능 컴퓨터를 존엄한 인간이라고 인정하기 어려운 것인지도 모른다. 그러나 단 하나, 우리가 경험으로 배울 수 없는 것이 있다. 그것은 죽음이다. 그리고 단 하나 분명한 사실이 있는데, 그것은 우리 모두 언젠가는 죽는다는 것이다. 경험을 통해 배울 수 없지만, 우리가 반드시 겪어야 하는 것, 그것은 죽음이다.

그래서 우리는 죽은 자의 이야기를 들어야 하며, 죽은 자의 이야기는 법의학을 통해 들을 수 있다. 이것이 산 자가 법의학을 통해 죽은 자로부터 배워야 하는 이유다. 결국 법의학은 죽은 자를 위한 것이 아니라 산 자를 위한 것이다.

삶에서 끝이 있음을 인정하고 하루하루를 사는 것, 자신의 존재에 의미를 부여하고 존엄한 인간으로서 자기결정권을 가지고 삶을 개척하는 것, 그것이 진정한 삶이며, 아무리 어렵고 힘든 중에도 이런 삶을 잃지 않기를 바란다.

에필로그

　어떤 책은 본문을 다 읽은 후에 말하기 어려운 여운이 있어 처음에는 읽지 않고 넘겨버렸던 프롤로그를 되돌려 읽기도 하고, 본문은 모두 읽었지만 여전히 말하기 어려운 기대감이 남아 있어 에필로그를 챙겨 읽게 되기도 한다. 이 책은 독자들에게 어떠했을지 모르겠다. 지금 에필로그를 읽고 있는 독자들에게는 그런 여운이 남아 있을지.

　괴테가 《젊은 베르테르의 슬픔》에서 이야기한 '죽음에 이르는 병'이 무엇인지 생각해본다. 이 소설은 고등학생일 때 읽은 후 잊어버리고 있다가 최근에 딸들이 읽는 모습을 보고 다시 손에 들었다. 베르테르는 로테를 만난 지 한 달 만에 그녀를 누구보다 사랑하지만, 그녀에게 이미 약혼녀가 있다는 것을 알게 된다. 베르테르는 로테를 처음 만난 지 두 달 만에 그녀의 약혼자에게 죽음에 이르는 병을 이야기하고, 결국에는 그녀의 손에 의해 건네진 권총으로 그녀를 만난 지 1년 7개월 만에 생을 마무리한다.

죽음에 이르는 병이 무엇일까? 어머니의 자궁 안에서 내 생명이 시작된 이래로 우리는 어느 시점인지 모르는 죽음의 때를 향해 살아가고 있는지도 모른다. 어쩌면 우리는 태어날 때부터 죽음에 이르는 병을 가지고 태어나는 것이라고 할 수 있으며, 우리의 삶 자체가 죽음에 이르는 병일지도 모른다.

우리의 삶에서 죽음보다 강력한 무언가가 있을까? 베르테르에게는 무엇이 있어서 만난 지 한 달밖에 되지 않는 여인을 그 누구보다 사랑하고, 처음 만난 지 두 달밖에 되지 않는 여인을 생각하며 '죽음에 이르는 병'을 생각했을까? 어떤 사람은 죽음보다 강력한 그 무엇을 신으로부터 찾기도 하고, 다른 사람과의 관계 속에서 찾기도 하며, 명예나 공동의 가치에서 찾기도 한다. 어느 것을 가볍다 하고 다른 어느 것을 무겁다고 할 수는 없다. 그러나 그것이 무엇이든 이 모든 것이 내게 달려 있는 것은 아닐지 생각해본다. 그렇게 믿는 것도, 그렇게 느끼는 것도, 그렇게 생각하는 것도 나 자신이기 때문이다. 다만, 그것이 무엇이든 나와 이웃의 그 무엇을 서로가 서로에게 존중해주기를 기대한다.

이렇게 보면 병적 상태가 오히려 자연스러운 것일 수 있다. 자연스럽다는 것은 스스로 그렇게 되어 가는 것이듯, 그리고 우리가 우리의 선택에 의해 지금 여기에 태어나 살고 있는 것이 아니듯 나이가 들고 죽음에 이르는 병에 걸려 삶을 마무리하는 것은 자연스러운 것으로 생각할 수 있다. 철학자 조르주 캉길렘이 《정상과 병리》에서 언급한 것처럼 그것은 병적인 것이 아니다. 알베르 카뮈가 《이방인》에서 다룬 것처럼 우리는 모두 태어나면서 이미 사형선고를 받은 것인지도 모른다.

다만 나와 내 주변의 모든 사람이, 그리고 이 책을 읽는 독자들이 그들 자신의 삶 속에서 짧게 울고 길게 웃기를 바란다.

특별히 의도하지는 않았지만, 이 책에서는 법의학 중에서는 주로 총론을 이야기했다. 각각의 죽음에 대한 각론은 다른 법의학 서적들이 다루고 있고 법의학 교과서도 있으니 충분하며, 나중에 기회가 된다면 각론을 중심으로 쓸 수도 있을 것이다. 그리고 기회가 된다면 이 책을 쓰게 된 교양 수업을 다룬 책을 쓸 수도 있을 것이다. 지금 당장은 이 글을 마무리하느라 밀린 일이 많아서 여유가 없지만.

그래도 이 책을 쓰면서 생각해왔던 것들을 정리할 수 있었고, 말하고 싶었던 것들을 말할 수 있어서 기뻤다. 환자가 있기에 의사가 있으므로 의사는 환자들에게 감사해야 한다고 생각한다. 학생이 있기에 교수가 있으므로 교수는 학생들에게 감사해야 한다고 생각한다. 그래서 강의를 신청해서 수강해준 학생들에게 고맙다는 말을 전하고 싶다. 또한 독자가 있기에 작가가 있으므로, 이 글을 읽어준 여러분에게도 감사의 말을 전하고 싶다. 마지막으로 탈고 전의 특별한 독자인 아내 경진과 유은, 유안, 유빈 아이들에게 감사하다는 말을 전한다. 부족하지만 이 글이 독자 여러분에게 유익했기를 바란다.

인용 도서

《너의 췌장을 먹고 싶어》. 소미미디어. 스미노 요루 지음.

《모든 죽음에는 이유가 있다》. 이다북스. 강신몽 지음.

《모리와 함께한 화요일》. 살림. 미치 앨봄 지음.

《변신》. 아르테. 프란츠 카프카 지음.

《삶이 묻고 죽음이 답하다》. 모시는사람들. 이영창 지음.

《어떤 죽음이 삶에게 말했다》. 흐름출판. 김범석 지음.

《제7일》. 푸른숲. 위화 지음.

《죽음의 수용소에서》. 청아출판사. 빅토르 E. 프랑클 지음.

《죽음의 에티켓》. 스노우폭스북스. 롤란트 슐츠 지음.

《죽음이란 무엇인가》. 웅진지식하우스. 셸리 케이건 지음.

참고 도서

《달러구트 꿈 백화점》. 팩토리나인. 이미예 지음.

《로마법 수업》. 문학동네. 한동일 지음.

《법의학》. 정문각. 이상한, 이숭덕 허기영 외 공저.

《사람, 장소, 환대》. 문학과 지성사. 김현경 지음.

《에픽테토스의 인생수업》. 삼호미디어. 오기노 히로유키 지음.

《의학어원론》. 군자출판사. 정상우, 최찬, 이재혁 지음.

《인생 우화》. 연금술사. 류시화 지음.

《정상과 병리》. 한길사. 조르주 캉길렘 지음.

《죽음 준비 교육 20강》. 샘솟는기쁨. 김옥라 등 지음.

《특강 소요리문답》. 흑곰북스. 황희상 지음.

참고 논문

김광연. 〈칸트의 윤리학에 나타난 인간 존엄성의 근거와 보편 가능성으로서의 도덕법칙의 요청〉. 철학연구 2016;138:1-30.

김옥경. 〈로크에서 기억과 근대적 개인의 자기정체성〉. 철학논집 2015;42:261-289.

나주영, 김형건, 김은정, 이성진, 이봉우. 〈검안 보고서와 부검감정서의 사인 및 사망의 종류 비교 연구〉. 대한법의학회지 2016;40:119-124.

나주영, 박종태. 〈법원 판결과 연명의료결정법으로 본 환자의 자기결정권과 죽음에 대한 고찰〉. 대한법의학회지 2022;46:1-10.

박병준. 〈행복과 치유-아리스토텔레서의 니코마코스 윤리학의 행복 개념을 중점으로〉. 철학논집 2015;42:9-38.

육영수. 〈프랑스혁명과 인권: 세계화 시대에 다시 읽는 '인간과 시민의 권리선언'〉. 서양사학연구 2011;25:59-88.

함근수, 표주연, 박종필, 나주영, 유성호, 이이나. 〈자살 유서를 통한 자살 사망자의 심리상태에 대한 질적 연구〉. 대한법의학회지 2014;35-155-166.

CG Dos Remedios, SP Lal, A Li, J McNamara, A Keogh, PS Macdonald, et al. The Sydney Heart Bank: improving translational research while eliminating or reducing the use of animal models of human heart disease. Biophys Rev 2017;9:431-441.

Chungsu Hwang, Joo-Young Na, Young San Ko, Young-Il Park, Jin-Haeng Heo, Ho Suk Song. Sudden Unexpected Death Due to Myocarditis Caused by Coronavirus Disease 2019: Postmortem Histopathologic Evaluation. Korean J Leg Med 2022;46:126-132.

Chungsu Hwang, Joo-Young Na, Young San Ko, Young-Il Park, Jin-Haeng Heo, Ho Suk Song. Sudden Unexpected Death Due to Myocarditis Caused by Coronavirus Disease 2019: Postmortem Histopathologic Evaluation. Korean J Leg Med 2022;46:126-132.

Eugene Choi, Joo-Young Na, Kyung Ryoul Kim, Jin-Haeng Heo, Young-il Park. Cardiac and Muscular Pathology on Autopsy in a Man with Duchenne Muscular Dystrophy. Korean J Leg Med 2023;47:63-69.

F Calabrese, F Pezzuto, F Fortarezza, P Hofman, I Kern, A Panizo, et al. Pulmonary pathology and COVID-19: lessons from autopsy. The experience of European Pulmonary Pathologists. Virchows Arch 2020;47:359-372.

인격적으로 점잖은 무게 '드레'

드레북스는 가치를 존중하고 책의 품격을 생각합니다